CATALOGUE

DES

OUVRAGES CONDAMNÉS

Depuis 1814 jusqu'à ce jour

(1er septembre 1827),

SUIVI DU TEXTE DES JUGEMENS ET ARRÊTS

INSÉRÉS AU MONITEUR.

PARIS,

PILLET AÎNÉ, IMPRIMEUR-LIBRAIRE,

RUE DES GRANDS-AUGUSTINS, Nº 7.

—

1827.

CATALOGUE

DES

OUVRAGES CONDAMNÉS

DEPUIS 1814 JUSQU'A CE JOUR

(1er SEPTEMBRE 1827).

DE L'IMPRIMERIE DE PILLET AÎNÉ,
rue des Grands-Augustins, n 7.

CATALOGUE

DES

OUVRAGES CONDAMNÉS

Depuis 1814 jusqu'à ce jour

(1er septembre 1827),

SUIVI DU TEXTE DES JUGEMENS ET ARRÊTS

INSÉRÉS AU MONITEUR.

PARIS,

PILLET AINÉ, IMPRIMEUR-LIBRAIRE,

ÉDITEUR DU VOYAGE AUTOUR DU MONDE,

De la Collect. des Mœurs françaises, anglaises, italiennes,

RUE DES GRANDS-AUGUSTINS, N° 7.

1827.

TEXTE

DES

JUGEMENS ET ARRÊTS

INSÉRÉS AU MONITEUR,

CONFORMÉMENT A L'ARTICLE 26 DE LA LOI
DU 26 MAI 1819.

———

Moniteur du 23 juin 1820.

Par arrêt de la cour d'assises de la Seine,
en date du 25 octobre 1819, Paul Domère,
libraire, demeurant à Paris, rue du Battoir
n° 3, et Jean-Baptiste-Innocent-Philadelphe
Regnault-Warin, homme de lettres, demeurant à Paris, rue Neuve-Saint-Roch, n° 18,
propriétaire et éditeur d'un ouvrage ayant
pour titre : *Histoire des Cent jours*, ont été
déclarés coupables d'offenses envers la personne du roi et les membres de la famille
royale, et condamnés, savoir : Domère en
six mois d'emprisonnement, et Regnault-
Warin en une année d'emprisonnement, à
1,000 fr. d'amende chacun et aux frais.

Par le même arrêt, il a été ordonné que
les exemplaires de l'*Histoire des Cent jours*
saisis seront supprimés et détruits, ainsi que
ceux qui pourront l'être ultérieurement en
tout ou en partie.

Moniteur du 13 *juillet* 1820.

Par arrêt de la cour d'assises du département du Var, en date du 31 mai dernier, Jean-Paul Orband, ancien juge au ci-devant tribunal civil de ce départ., propriétaire cultivateur, demeurant à Correns, arrondissement de Brignoles, a été condamné à huit mois de prison et à 100 fr. d'amende, comme convaincu d'avoir attaqué l'inviolabilité de la personne du Roi et l'ordre de successibilité au trône, dans une pétition adressée à la chambre des députés, et dont le renvoi a été fait à M. le garde des sceaux, ministre de la justice.

Moniteur du 27 *juillet* 1820.

Par arrêt de la cour d'assises de la Seine, en date du 27 avril 1820, Jacques Bignon, coutelier, demeurant à Paris, rue Guérin-Boisseau, n° 34, a été déclaré coupable d'avoir, le 17 mars précédent, commis un outrage à la morale publique et aux bonnes mœurs, en vendant et distribuant dans un lieu public des gravures représentant plusieurs images obscènes, et condamné à deux mois d'emprisonnement, à 16 fr. d'amende et aux frais.

Par le même arrêt, il a été ordonné que les gravures saisies seront détruites.

Moniteur du 27 juillet 1820.

Par arrêt de la cour d'assises de la Seine, en date du 25 mai 1820, Jean-François Carlier, compagnon serrurier, demeurant rue Guérin-Boisseau, n° 57, à Paris, a été déclaré coupable d'outrage aux bonnes mœurs par la mise en vente de gravures obscènes ; mais attendu qu'il a fait connaître celui de qui il tenait lesdites gravures, il a été seulement condamné à 10 fr d'amende et aux frais.

Moniteur du 1er août 1820.

Par arrêt de la cour d'assises de la Seine, en date du 12 juin 1820, Charles-Alexandre-Poulet fils, demeurant chez son père, quai des Augustins, n° 9, à Paris, a été déclaré coupable de provocation à la désobéissance aux lois et à la guerre civile, par une chanson imprimée et mise en vente, et condamné à six mois de prison, à 3,000 fr. d'amende et aux frais.

Par le même arrêt, il a été ordonné que les exemplaires de l'écrit dont il s'agit qui ont été saisis, et ceux qui pourront l'être ultérieurement, seront supprimés et détruits.

Moniteur du 1er août 1820.

Par arrêt de la cour d'assises de la Seine du 12 juin 1820, Jacques-Lucien Bousquet-Deschamps, homme de lettres, rédacteur de *l'Aristarque*, demeurant à Paris, rue de Sèvres, n° 141, a été déclaré coupable d'attaques formelles contre l'autorité constitutionnelle du roi et des chambres, dans un écrit imprimé ayant pour titre : *Réflexions d'un patriote*, et condamné à trois mois de prison, à 1,500 fr. d'amende et aux frais.

Par le même arrêt, il a été ordonné que les exemplaires saisis de l'écrit dont il s'agit, ainsi que ceux qui pourront l'être ultérieurement, seront supprimés et détruits.

Moniteur du 15 août 1820.

Par arrêt de la cour d'assises de la Seine, en date du 14 juin 1820, Jacques-Lucien Bousquet-Deschamps, homme de lettres attaché au journal *l'Aristarque*, demeurant à Paris rue de Sèvres, n° 141, et Alexandre Corréard, libraire, au Palais-Royal, galerie de bois, n° 258, ont été déclarés coupables de provocation à la désobéissance aux lois, et à la destruction du gouvernement, par un écrit imprimé et mis en vente ayant pour titre : *Questions à l'ordre du jour*, et condamnés, savoir : Bousquet-Deschamps à un an de prison, 5,000 fr. d'amende, et Corréard à quatre mois de prison et 1,000 d'amende, et aux frais solidairement.

Par le même arrêt, il a été ordonné que les exemplaires de l'écrit dont il s'agit qui ont été saisis et ceux qui pourront l'être ultérieurement, seront supprimés et détruits.

Moniteur du 15 *août* 1820.

Par arrêt de la cour d'assises de la Seine, en date du 22 juin 1820, Augustin-Emmanuel Dauty, marchand d'estampes, demeurant à Paris, rue de la Harpe, n° 61, a été déclaré coupable de provocation à des cris séditieux, en faisant graver, imprimer et distribuer une gravure séditieuse ayant pour titre : *Pour le père et le fils, le saint esprit nous exaucera, prions;* ladite gravure offrant dans un transparent l'effigie de Bonaparte, celle de sa femme et de son fils, et portant ces mots : *Famille impériale.* En conséquence, ledit Dauty a été condamné à 600 fr. d'amende payable par corps et aux frais.

Par le même arrêt, il a été ordonné que les exemplaires saisis de ladite gravure et ceux qui pourront l'être ultérieurement, seront supprimés et détruits.

Moniteur du 15 *août* 1820.

Par arrêt de la cour d'assises de la Seine, en date du 23 juin 1820, Alexandre Corréard, libraire, demeurant à Paris, Palais-Royal, galerie de bois, n° 258, a été déclaré coupable de provocation à un attentat contre la personne du roi, par la vente et la distribution d'un écrit imprimé ayant pour titre : *Attention,* et condamné à quatre mois de prison, 1,200 fr. d'amende et aux frais.

Par le même arrêt, il a été ordonné que les exemplaires saisis de l'écrit dont il s'agit et ceux qui pourront l'être ultérieurement, seront supprimés et détruits.

Moniteur du 15 *août* 1820.

Par arrêt de la cour d'assises de la Seine, du 28 juin 1820, Nicolas Billotey, homme de lettres, demeurant à Paris, rue des Marmousets, n° 24, a été déclaré coupable de provocation à la désobéissance aux lois, en composant, faisant imprimer et distribuer l'écrit intitulé : *Aperçus historiques*, et il a été condamné à trois mois de prison, 1,000 fr. d'amende et aux frais.

Le même arrêt a ordonné la destruction des exemplaires saisis de l'écrit dont il s'agit et de ceux qui pourront l'être ultérieurement.

Moniteur du 20 *août* 1820.

Par arrêt de la cour d'assises de la Seine, en date du 27 juin 1820, Louis Guyon, ex-lieutenant au 58me régiment de ligne, demeurant à Paris, rue des Messageries, n° 3, et Pierre-François Plancher, lib., à Paris, rue Poupée, n° 7, ont été déclarés coupables du délit d'outrage à la morale publique et religieuse et aux bonnes mœurs, par la composition, l'impression et la mise en vente d'un écrit ayant pour titre : *les Missionnaires;* et ils ont été condamnés chacun en deux mois d'emprisonnement, 200 fr. d'amende et aux frais solidairement.

Le même arrêt a ordonné la destruction de l'écrit dont il s'agit, et des exemplaires qui pourront être saisis ultérieurement.

Moniteur du 20 *août* 1820.

Par arrêt de la cour d'assises de la Seine, en date du 25 juin 1820, Jacques-Lucien Bousquet-Deschamps, homme de lettres, demeurant à Paris, rue de Sèvres (absent), a été déclaré coupable du délit de provocation à un attentat contre la personne du roi, par la composition et la publication d'un écrit ayant pour titre : *Attention*, et condamné à cinq ans de prison et 6,000 fr. d'amende.

Le même arrêt a ordonné la destruction de l'écrit saisi et de tous les exemplaires qui pourront l'être ultérieurement.

Moniteur du 20 *août* 1820.

Par arrêt de la cour d'assises de la Seine, en date du 28 juin 1820, Alexandre Corréard, libraire à Paris, Palais-Royal, galerie de bois, n° 258, a été déclaré coupable de complicité du délit d'outrage à la morale publique et religieuse et aux bonnes mœurs, en mettant en vente sciemment la brochure intitulée : *le Tems qui court*, et il a été condamné à trois mois de prison, 400 fr. d'amende et aux frais.

Le même arrêt a ordonné la suppression des exemplaires saisis de la brochure dont il s'agit et de ceux qui pourront l'être ultérieurement.

Moniteur du 24 août 1820.

Par arrêt du 4 juillet dernier, la cour d'assises, séant à Alençon (Orne), a condamné le sieur Barat, marchand de cirage, à quatre mois de prison et 16 fr. d'amende, pour exposition en vente de gravures et ouvrages obscènes.

Moniteur du 7 septembre 1820.

Par arrêt du 18 août 1820 rendu par la cour d'assises du département du Var, séant à Draguignan, Jean-Pierre Belluc, libraire à Toulon, a été condamné à un mois d'emprisonnement et à 100 fr. d'amende pour avoir exposé en vente une brochure intitulée : *Histoire des Missionnaires*, laquelle contient des outrages à la morale publique et religieuse.

Moniteur du 17 mars 1822.

Le sieur Pierre-Jean de Béranger, ayant été reconnu coupable du délit d'outrage à la morale publique et religieuse en composant, faisant imprimer, publiant, vendant et distribuant un ouvrage en deux volumes ayant pour titre : *Chansons*, a été condamné par

arrêt de la cour d'assises de la Seine, en date
du 8 décembre 1821, à trois mois d'emprisonnement et à 5o f. d'amende.

La cour a en outre déclaré définitive la saisie de l'ouvrage, et a ordonné la suppression
et la destruction des exemplaires saisis, ainsi
que de tous ceux qui pourraient l'être ultérieurement.

Moniteur du 24 mars 1822.

Le sieur Henri-Joseph-Victor Brahaim
Ducange ayant été reconnu coupable du délit d'outrage à la morale publique et religieuse, en composant, faisant imprimer, publiant, vendant et distribuant un ouvrage en
trois volumes, ayant pour titre : *Valentine*,
ou *le Pasteur d'Uzès*, a été condamné, par
arrêt de la cour royale de Paris, jugeant
comme cour d'assises du département de la
Seine, en date du 26 juin 1821, à six mois
d'emprisonnement et à 5oo fr. d'amende.

La cour a en outre déclaré définitive la
saisie de l'ouvrage, et a ordonné la suppression et la destruction des exemplaires saisis,
ainsi que de tous ceux qui pourraient l'être
ultérieurement.

Moniteur du 11 avril 1822.

Le sieur Jean-François Therry, libraire,
ayant été déclaré coupable d'avoir vendu et
distribué :

1°. Un ouvrage ayant pour titre : *Supplément aux chansons de Béreuger*, dont la saisie avait été confirmée par ordonnance du 15 janvier 1822, et contenant des attaques formelles contre l'inviolabilité de la personne du roi, contre son autorité constitutionnelle et contre l'ordre de successibilité au trône;

2°. Un autre ouvrage ayant pour titre : *Pie VI et Louis XVIII*, contenant également des attaques formelles contre l'autorité constitutionnelle du roi, et des outrages à la morale publique et religieuse ;

A été condamné, par arrêt de la cour royale de Paris, jugeant comme cour d'assises du département de la Seine, en date du 31 mars 1822, à six mois de prison et 1,000 fr. d'amende.

La cour a en outre déclaré définitive la saisie des ouvrages, et ordonné la suppression et la destruction des exemplaires saisis, ainsi que de tous ceux qui pourraient l'être ultérieurement.

Moniteur du 24 mai 1822.

Le nommé Jean Redonnet, dit *Garravé*, âgé de vingt-sept ans, marchand colporteur vendeur de livres, natif de la commune de Boulx, et domicilié dans cette commune, ayant été convaincu de s'être rendu coupable de contravention aux lois sur la presse, en vendant et distribuant des ouvrages contraires aux bonnes mœurs et à la morale publi-

que et religieuse, a été condamné, le 29 avril
1822, par jugement du tribunal de 1re instance de Vannes, chambre de police correctionnelle, à un mois d'emprisonnement, à
16 fr. d'amende et aux frais de la procédure.

Le tribunal a en outre ordonné la destruction des livres saisis et l'impression du jugement à vingt exemplaires.

Moniteur du 25 mai 1822.

Le nommé Jean Redonnet, dit *Garravé*,
marchand colporteur vendeur de livres, ayant
été reconnu coupable du délit d'outrage à la
morale publique et religieuse par l'exposition
et la mise en vente :

1°. D'un ouvrage en huit volumes, ayant
pour titre : *Vie du chevalier de Faublas*,

2°. De trois autres ouvrages en un volume
chacun, intitulés, le premier : *les Petites
Gaudriolles;* le second, *les Chansons joyeuses,*
le troisième, *le Chansonnier de la table et
du lit ;*

A été condamné, par jugement du tribunal de 1re instance de Vannes, jugeant correctionnellement, à un mois d'emprisonnement et à 16 fr. d'amende.

Le tribunal a en outre déclaré définitive la
saisie desdits ouvrages, et a ordonné la destruction des exemplaires saisis.

Moniteur du 26 juillet 1822.

La cour royale de Paris, 1re chambre civile et chambre correctionnelle réunies, a rendu l'arrêt dont suit l'extrait :

Le sieur Pierre-Marie-Michel-Eugène de Pradel ayant été reconnu coupable des délits

D'attaque contre l'ordre de successibilité au trône ;

De provocation au port public d'un signe extérieur de ralliement non autorisé par le Roi ou par des règlemens de police ;

D'outrages aux bonnes mœurs ;

Et de trouble à la paix publique en excitant le mépris ou la haine des citoyens contre une classe de personnes,

En composant, faisant imprimer, publiant, vendant et distribuant un ouvrage en un volume, ayant pour titre : *les Etincelles*,

A été condamné, par jugement contradictoire rendu le 25 mai dernier au tribunal correctionnel de Paris, à six mois d'emprisonnement, 1,000 fr. d'amende et aux dépens. Le tribunal a en outre ordonné que les exemplaires saisis demeureraient confisqués.

La cour royale de Paris, sur l'appel interjeté par M. le procureur du Roi et ledit sieur de Pradel, par arrêt du 11 juillet 1822, rendu en audience des 1re chambre civile et chambre correctionnelle réunies, aux termes de l'art. 17 de la loi du 25 mars 1822, a confirmé purement et simplement ledit jugement, et

condamné en outre le sieur Pradel aux dépens
de son appel.

Moniteur du 28 septembre 1822.

Le sieur Pierre Drouin des Varennes, propriétaire, demeurant à Parçay, canton de
l'île Bouchard, reconnu coupable d'avoir
composé et distribué publiquement dans la
ville de Chinon, pendant les élections du
département d'Indre-et-Loire, un écrit imprimé ayant pour titre : *Aux Electeurs des
arrondissemens de Loches et de Chinon : Qui
nommerons-nous ?* écrit par lequel ledit Drouin
des Varennes avait cherché à troubler la paix
publique, en excitant la haine des citoyens
contre une classe de personnes, savoir la
classe des nobles, a été condamné sur l'appel
par arrêt de la cour royale d'Orléans, chambres civile et des appels de police correctionnelle réunies, le 7 août 1822, conformément
à l'art. 17 de la loi du 25 mars précédent, à
quinze jours d'emprisonnement et à 200 fr.
d'amende.

La cour a en outre ordonné que son arrêt
serait imprimé au nombre de cent exemplaires, et rendu public dans les mêmes for-
mes que les jugemens portant déclaration
d'absence.

Moniteur du 17 décembre 1822.

La cour royale de Paris, 1re chambre civile

et chambre correctionnelle réunies, a rendu l'arrêt dont l'extrait suit :

Le sieur Léonard-Charles-André-Gustave Gallois ayant été reconnu coupable des délits d'offense envers l'un des membres de la famille royale ; d'attaques contre la dignité royale et l'autorité constitutionnelle du Roi, en composant, faisant imprimer, publiant, vendant et distribuant un ouvrage ayant pour titre : *le Parapluie patrimonial*, a été condamné, par arrêt de la cour royale, chambres civile et correctionnelle réunies, en date du 11 novembre 1822, à trois mois d'emprisonnement et 500 fr. d'amende.

Moniteur du 17 décembre 1822.

La cour royale de Paris, 1re chambre civile et chambre correctionnelle réunies, a rendu l'arrêt dont l'extrait suit :

Le sieur François Pillet ayant été déclaré coupable d'avoir imprimé et distribué un écrit intitulé : *Relation détaillée des faits qui se sont passés à Paris dans la journée du 3 juin 1822, à l'ocasion de l'anniversaire de la mort de Lallemand*, écrit provoquant à la haine et au mépris du gouvernement du Roi, à la rébellion, au renversement du gouvernement, au meurtre, etc., a été condamné, par arrêt de la cour royale, 1re chambre civile et chambre correctionnelle réunies, en date du 16 novembre 1822, à trois mois d'emprisonnement et à 100 fr. d'amende.

La cour a en outre ordonné que les exem-plaires de la brochure saisis, et ceux qui pourraient être saisis, seraient détruits.

Moniteur du 17 décembre 1822.

La cour royale de Paris, 1re chambre civile et chambre correctionnelle réunies, a rendu l'arrêt dont l'extrait suit :

Les sieurs Charles-Jean-Baptiste Bonin et Jean-Eraste Kleffer ayant été déclarés coupa-bles, savoir : Bonin, d'être l'auteur, et Klef-fer, d'avoir fait imprimer, vendu et distribué un écrit ayant pour titre : *Etudes législatives,* contenant de graves outrages contre toutes les religions, ont été condamnés, par arrêt de la cour, 1re chambre civile et chambre cor-rectionnelle réunies, en date du 7 novembre 1822, savoir : ledit sieur Kleffer, à trois mois de prison et 1,500 fr. d'amende, et ledit sieur Bonin à treize mois de prison et à 3,000 fr. d'amende.

Moniteur du 17 décembre 1822.

La cour royale de Paris, 1re chambre civile et chambre correctionnelle réunies, a rendu l'arrêt dont l'extrait suit :

Le sieur Henri-Joseph-Victor Ducange ayant été reconnu l'éditeur et le propriétaire d'un journal intitulé : *le Diable rose,* ou *le petit Courrier de Lucifer,* et ledit Ducange ne s'étant pas conformé aux dispositions de la loi du 9 juin 1819, art. 1er, qui assujettit les éditeurs ou propriétaires des journaux consacrés en tout ou en partie aux matières politiques à déposer un cautionnement, a été condamné, par arrêt de la cour royale, chambre des appels de police correctionnelle, en date du 23 novembre 1822, à quarante jours d'emprisonnement et à 300 fr. d'amende.

Moniteur du 28 février 1823.

Par arrêt de la cour d'assises du département de la Gironde, en date du 2 septembre 1822, Jean Feret, âgé de quarante-et-un ans, marchand libraire, né à Sévigné, département de la Manche, demeurant à Bordeaux, fossés du Chapeau-Rouge, n° 30, convaincu du délit d'offenses envers le Roi, commis par un des moyens énoncés en l'art. 1er de la loi du 17 mai 1819, a été condamné à une année d'emprisonnement, à 500 fr. d'amende, à l'interdiction, pendant une année après l'expiration de sa peine, des droits civils énoncés en l'art. 42 du Code pénal, à l'exception, néanmoins, de ceux exprimés dans le n° 7 dudit article.

Le même arrêt ordonne la suppression et destruction des deux exemplaires de l'ouvrage en quatre volumes ayant pour titre : *Huit Années de Napoléon*, que ledit Jean Feret avait vendus à Jean Vidal, et qui ont été saisis entre les mains de ce dernier.

La cour a encore ordonné que cet arrêt serait imprimé à concurrence de vingt-cinq exemplaires, affiché et rendu public dans la même forme que les jugemens portant déclaration d'absence, etc., etc.

Moniteur du 15 *mars* 1823.

La cour royale de Paris, 1ʳᵉ chambre civile et chambre correctionnelle réunies, aux termes de l'art. 17 de la loi du 25 mars 1822, a rendu l'arrêt dont l'extrait suit :

Le sieur Jean-Marie-Auguste Niogret, libraire, demeurant à Paris, rue des Marais, nᵒ 9, ayant été reconnu coupable des délits d'outrage à la religion de l'état, et d'attaque contre la dignité royale, les droits que le Roi tient de sa naissance, ceux en vertu desquels il a donné la Charte, son autorité constitutionnelle et l'inviolabilité de sa personne, en faisant imprimer, en mettant en vente et vendant un ouvrage en deux volumes ayant pour titre : *Système social*, ou *Principes naturels de la morale et de la politique*, par le baron d'Holbach,

A été condamné, par arrêt de la cour royale de Paris, 1ʳᵉ chambre civile et chambre correctionnelle réunies, aux termes de l'art. 17 de la loi du 25 mars 1822, en date du 1ᵉʳ mars 1823, à trois mois d'emprisonnement, 1,000 fr. d'amende et aux dépens.

La cour a en outre déclaré définitive la saisie de l'ouvrage, et a ordonné la suppression et la destruction des exemplaires saisis.

Moniteur du 2 avril 1823.

Le sieur Joseph-Dominique Magalon ayant été reconnu coupable d'avoir, sans justification préalable du dépôt du cautionnement exigé par la loi du 9 juin 1819, traité de matières politiques dans l'écrit périodique intitulé *l'Album*, journal des arts, de la littérature et des théâtres, dont ledit Magalon s'était reconnu l'auteur ou l'éditeur; d'avoir en outre, dans les articles intitulés : *Scènes de bourse ; Extrait de l'Almanach royal pour 1830; Tribulations de l'homme de Dieu ;* et dans l'article commençant par ces mots : *On annonce la recomposition de l'Ecole de médecine*, outragé des ministres de la religion à raison de leur qualité; outragé plusieurs officiers généraux, et d'avoir eu pour but d'exciter à la haine et au mépris du gouvernement du Roi,

A été condamné, par jugement du tribunal correctionnel de Paris, en date du 22 février dernier, confirmé par arrêt de la cour royale de Paris, 1re chambre civile et chambre correctionnelle réunies, du 15 mars suivant, à treize mois de prison, 2,000 fr. d'amende et aux frais.

Moniteur du 2 mai 1823.

Le sieur Joseph-Etienne Jouy, membre de l'académie, ayant été reconnu coupable d'a-

voir excité à la haine et au mépris du gouvernement du Roi, en composant l'article des
frères Faucher, inséré dans la *Biographie des
comtemporains*, a été condamné, par jugement
contradictoire rendu le 29 janvier dernier au
tribunal correctionnel de Paris, à un mois
d'emprisonnement, 150 fr. d'amende et aux
frais. Le tribunal a en outre ordonné que ledit
article des frères Faucher serait supprimé ;

Et le sieur Antoine Jay, homme de lettres,
a été renvoyé par le même jugement de la
prévention d'avoir commis un outrage à la
morale publique en composant l'article Boyer
Fonfrède, inséré dans la *Biographie des contemporains*.

La cour royale de Paris, sur l'appel interjeté par ledit sieur Jouy et par M. le procureur
du Roi, a, par arrêt rendu le 10 avril 1823,
en audience solennelle des 1re chambre civile
et chambre correctionnelle réunies, aux termes de l'art. 17 de la loi du 25 mars 1822,
confirmé purement et simplement le jugement
ci-dessus à l'égard du sieur Jouy, l'a infirmé
en ce qui concerne le sieur Jay, et statuant
par jugement nouveau, relativement à ce
dernier, l'a condamné à un mois de prison,
16 fr. d'amende et aux frais; ordonné en outre
que le passage condamné serait supprimé de la
Biographie des contemporains.

Moniteur du 26 mars 1825.

Le sieur Jean-François Therry, libraire, ayant été déclaré coupable d'avoir vendu et distribué un ouvrage ayant pour titre : *Supplément aux chansons de Bérenger*, lequel ouvrage contient des attaques formelles contre l'inviolabilité de la personne du Roi, contre son autorité constitutionnelle et contre l'ordre de successibilité au trône,

Des offenses envers la personne du Roi,

Des provocations envers les citoyens pour détruire, changer le gouvernement et s'armer contre l'autorité royale,

Des provocations à la guerre civile, en portant les citoyens à s'armer les uns contre les autres,

Provocations qui n'ont pas été suivies d'effet ; et encore d'avoir vendu et distribué une brochure ayant pour titre : *Pie VI et Louis XVIII*, laquelle contient des outrages à la morale publique et religieuse, une attaque formelle contre l'autorité constitutionnelle du Roi, et des offenses envers la personne du Roi,

Délits prévus par les art. 1, 2, 4 et 9 de la loi du 17 mai 1817,

A été condamné, par arrêt de la cour d'assises du département de la Seine, en date du 31 mars 1822, à six mois de prison et en 1,000 fr. d'amende.

La cour a aussi déclaré valable la saisie des.

ouvrages dont il s'agit, ainsi que de ceux qui pourraient être saisis ultérieurement, et en a ordonné la destruction.

Moniteur du 26 *mars* 1825.

Le sieur Charles-Jean-Baptiste Bonnin, homme de lettres, et le sieur Jean-Éraste Kleffer, libraires, ayant été reconnus coupables d'avoir imprimé, vendu et distribué un écrit composé par Bonnin, ayant pour titre : *Études législatives* et contenant de graves outrages contre toutes les religions, délit prévu par les art. 1er et 8 de la loi du 17 mai 1819 et 1er de la loi du 25 mars 1822,

Ont été condamné par jugement du tribunal de police correctionnelle de Paris, en date du 30 juillet 1822; savoir, Bonnin à treize mois de prison et en 3,000 fr. d'amende; Kleffer à trois mois de prison et à l'amende de 1,500 fr. Ce jugement a de plus ordonné la confiscation des exemplaires saisis.

Et la cour royale de Paris, par arrêt du 7 nov. 1822, rendu en l'audience des première chambre civile et chambre correctionnelle, réunies aux termes de l'art. 17 de la loi du 25 mars 1822, a débouté lesdits Bonnin et Kleffer de leur opposition à l'arrêt par défaut intervenu contre eux en la cour, le 24 août précédent, confirmatif dudit jugement, et en a ordonné l'exécution pure et simple.

Moniteur du 26 mars 1825.

Le sieur Pierre-Michel-Marie-Eugène de Pradel ayant été reconnu coupable d'avoir composé un ouvrage ayant pour titre : *les Etincelles*, et contenant cinq chansons intitulées : la première, *l Orphelin royal* ; la deuxième, *le Chiffon* ; la troisième, *les Prémices de Javotte*, la quatrième, *l'Anguille* ; et la cinquième, *les Missionnaires en goguette*, lesquelles chansons présentaient, savoir : la première, le caractère d'une attaque contre l'ordre de successibilité au trône, délit prévu par l'art. 2 de la loi du 25 mars 1822 et par l'art. 1ᵉʳ de la loi du 17 mai 1819 ;

La deuxième, une provocation au port public d'un signe extérieur de ralliement non autorisé par le Roi ou par des règlemens de police, délit prévu par l'art. 3 de la loi du 17 mai 1819, et 9, n° 2, de la loi du 25 mars 1822 ;

Les troisième et quatrième, le caractère d'outrages aux bonnes mœurs, délit prévu par l'art. 8 de la loi du 17 mai ;

Et la cinquième, le caractère de trouble à la paix publique, en excitant le mépris ou la haine des citoyens contre une classe de personnes, délit prévu par l'art. 10 de la loi du 25 mars 1822,

A été condamné par jugement contradictoire du tribunal correctionnel de Paris, en date du 23 mai 1822, à six mois de prison, 1,000 fr. d'amende et aux frais. Le jugement a. aussi ordonné que les exemplaires saisis demeureraient confisqués.

Et la cour royale de Paris, sur l'appel interjeté par ledit de Pradel et par M. le procureur du Roi, a, par arrêt rendu le 11 juillet 1822, en audience des 1re chambre civile et chambré correctionn. réunies, aux termes de l'art. 17 de la loi du 25 mars précédent, confirmé ledit jugement purement et simplement, et condamné de Pradel aux dépens.

Moniteur du 26 mars 1825.

Le sieur Paul Domère, ayant été reconnu l'éditeur d'un écrit en quatre volumes, ayant pour titre : *Système de la nature et des lois du monde physique et moral, par le baron d'Holbach*, lequel écrit, dans son ensemble, renfermait des outrages à la morale publique, à toutes les religions et notamment à la religion de l'état;

Délit prévu par les art. 1er de la loi du 25 mars 1822 et 8 de celle du 17 mai 1819,

A été condamné, par jugement contradictoire rendu au tribunal correctionnel de Paris, le 5 mars 1823, à six mois de prison, en 1,000 fr. d'amende et aux frais.

La cour royale de Paris, sur l'appel par lui interjeté de ce jugement, et par arrêt rendu le 29 mai 1823, en audience des 1re chambre civile et chambre correctionnelle réunies, aux termes de l'art. 17 de la loi du 25 mars 1822, a confirmé le jugement ci-dessus purement et simplement, et condamné Domère aux dépens.

Le même arrêt ordonne en outre que les exemplaires saisis seront détruits.

Moniteur du 26 mars 1825.

Le sieur Charles Lecouvey, ayant été reconnu éditeur de quatre chansons renfermant des outrages aux bonnes mœurs, lesquelles chansons intitulées : *C'est du nanan; la belle Main; Lisa; mon cousin Jacques*, dont le sieur Debraux s'est reconnu l'auteur, ont été insérées dans un recueil ayant pour titre : *le nouvel Enfant de la goguette*,

A été condamné, par jugement contradictoire du tribunal de police correctionnelle de Paris, en date du 21 février 1823, et conformément à l'art. 8 de la loi du 17 mai 1819, à un mois d'emprisonnement, 25 fr. d'amende et aux frais.

Le même jugement a ordonné la suppression des quatre chansons condamnées du recueil dont s'agit.

La cour royale de Paris, sur l'appel par lui interjeté de ce jugement, et par arrêt rendu le 29 mai 1823, en audience des 1re chambre civile et chambre correctionnelle réunies, aux termes de l'art. 17 de la loi du 25 mars 1822, a confirmé ledit jugement purement et simplement, et condamné Lecouvey aux dépens.

Nota. Le sieur Debraux, condamné par

le même jugement à un mois de prison et 16 fr. d'amende, comme étant l'auteur des-dites chansons, n'a point interjeté appel.

Moniteur du 26 mars 1825.

Le sieur Léonard-Charles-André-Gustave Gallois, ayant été déclaré coupable d'avoir, dans une brochure dont il s'est reconnu l'auteur et intitulée : *le Parapluie patrimonial*, commis les délits d'offense envers la personne du Roi et envers un des membres de la famille royale, d'attaques contre la dignité royale et l'autorité constitutionnelle du Roi, prévus par les art. 9 et 10 de la loi du 17 mai 1819, et 2 de celle du 25 mars 1822,

A été condamné, par jugement du tribunal de police correctionnelle de Paris, en date du 5 juin 1822, à une année d'emprisonnement et 1,500 fr. d'amende.

La cour royale de Paris, sur l'appel par lui interjeté du jugement, et par arrêt rendu le 11 novembre 1822, en audience des 1re chambre civile et chambre correctionnelle réunies, aux termes de l'art. 17 de la loi du 25 mars précédent, a infirmé ledit jugement quant au premier chef, et renvoyé Gallois de la plainte, attendu que l'écrit ne contient pas les caractères de criminalité prévus par l'art 9 de la loi du 17 mai 1819, et, à l'égard des deux autres chefs, a confirmé ledit jugement et a réduit la peine de l'emprisonnement à trois mois et l'amende à 500 fr.

Moniteur du 26 mars 1825.

Le sieur Pierre Barthélemy, ayant été déclaré coupable d'avoir, dans un article dont il s'est reconnu l'auteur, et inséré dans un ouvrage intitulé : *Biographie*, ou *Galerie historique des contemporains*, dont il est l'éditeur, porté atteinte à l'honneur et à la considération du sieur Agar, comte de Mosbourg, en publiant des faits dont la fausseté avait été démontrée par des actes authentiques, délit prévu par l'art. 18 de la loi du 17 mai 1819,

A été condamné, par jugement contradictoire rendu le 22 mars 1823, au tribunal correctionnel de Paris, à trois mois d'emprisonnement et à 500 fr. d'amende.

Ce jugement a en outre ordonné que l'article dont il s'agit serait supprimé dans tous les exemplaires qui se trouvent encore à la disposition de Barthélemy ; que ledit Barthélemy serait tenu d'insérer le jugement dans le troisième volume de ladite Biographie, et ce dans le délai de deux mois ; sinon que le comte de Mosbourg serait autorisé à faire imprimer et afficher ledit jugement au nombre de cent exemplaires, aux frais du condamné.

La cour royale de Paris, sur l'appel par lui interjeté de ce jugement, et par arrêt rendu le 17 avril 1823, rendu en audience de première chambre civile et chambre correctionnelle réunies aux termes de l'art. 17 de la loi du 25 mars 1822, a confirmé purement et simplement le jugement ci-dessus daté et énoncé, et condamné ledit Barthélemy aux dépens.

Moniteur du 26 *mars* 1825.

Le sieur Louis-François Raban, homme de lettres, ayant été reconnu coupable d'avoir commis des outrages à la morale publique et aux bonnes mœurs en composant un roman en deux volumes intitulé : *l'Incrédule,* ou *les deux Tartufes,*

Délit prévu par l art. 8 de la loi du 17 mai 1819,

A été condamné, par jugement du tribunal de police correctionnelle de Paris, en date du 10 décembre 1824, à six mois de prison, 100 fr. d'amende et aux dépens.

La cour royale de Paris, sur l'appel par lui interjeté de ce jugement, et encore par M. le procureur du Roi, en ce qu'il a renvoyé Raban du chef d'outrage à la religion de l'état, a, par arrêt rendu le 14 mars 1825, en audience des 1re chambre civile et chambre correctionnelle réunies, aux termes de l'art. 17 de la loi du 25 mars 1822, infirmé le jugement ci-dessus, en ce que Raban n'a pas été déclaré coupable d'avoir tourné en dérision la religion de l'état, délit prévu par l'art. 1er de la loi du 25 mars 1822, émendant quant à ce, l'a déclaré coupable du dit délit, et l'a condamné en 500 fr. d'amende.

Le surplus de la sentence sortissant effet.

La cour a en outre ordonné que les exemplaires saisis de l'ouvrage dont il s'agit , ainsi que ceux qui pourraient l'être par la suite , seraient mis au pilon.

Moniteur du 26 mars 1825.

Le sieur Jean – Nicolas Barba , libraire , ayant été déclaré coupable d'outrages à la morale publique et religieuse , en faisant réimprimer, publier et distribuer un ouvrage en quatre volumes, intitulé : *M. de Roberville* , délit prévu par l'art. 8 de la loi du 17 mai 1819,

A été condamné , par jugement du tribunal de police correctionnelle de Paris , en date du 3 décembre 1824 , à un mois de prison et 500 fr. d'amende.

La cour royale de Paris , sur l'appel de ce jugement interjeté par ledit Barba , et par arrêt rendu le 15 janvier 1825 , en audience des première chambre civile et chambre correctionnelle réunies , aux termes de l'art. 17 de la loi du 25 mars 1822 , a infirmé ledit jugement , et déchargé Barba des condamnations prononcées contre lui , attendu qu'il a pu être induit en erreur par une édition publiée en 1818.

Mais néanmoins, considérant que l'ouvrage dont il s'agit contient dans divers passages des outrages à la morale publique , la cour a ordonné que les exemplaires saisis et tous ceux qui seraient trouvés par la suite seraient supprimés et mis au pilon.

Moniteur du 26 mars 1825.

Le sieur Jacques-Hippolyte Méhée de Latouche ayant été reconnu coupable du délit de diffamation envers le sieur Salgues, en composant un écrit imprimé et distribué, ayant pour titre : *Deux pièces importantes à joindre aux Mémoires et documens historiques sur la révolution française*, délit prévu par l'art. 18 de la loi du 17 mai 1819,

A été condamné, par jugement contradictoire rendu le 14 avril 1824 au tribunal correctionnel de Paris, à 100 fr. d'amende et aux dépens.

La cour royale de Paris, sur l'appel interjeté par ledit Méhée de Latouche, et par arrêt du 25 novembre 1824, rendu en audience des 1re chambre civile et chambre correctionnelle réunies, aux termes de l'art 17 de la loi du 25 mars 1822, confirmé purement et simplement ledit jugement, et condamné le sieur Méhée de Latouche aux dépens.

Moniteur du 26 mars 1825.

Le sieur Joseph-Hippolyte, comte de Santo-Domingo, ayant été reconnu coupable du délit d'outrages envers la religion de l'état et les ministres du culte, en composant et publiant un ouvrage en un volume, ayant pour titre : *Tablettes romaines*, délit prévu par les art. 1er et 6 de la loi du 25 mars 1822,

A été condamné, par jugement contradictoire rendu le 23 mai dernier au tribunal correctionnel de Paris, à trois mois de prison et 3oo fr. d amende.

La cour royale de Paris, sur l'appel par lui interjeté de ce jugement et par arrêt rendu le 25 novembre 1824, en audience des première chambre civile et chambre correctionnelle réunies, aux termes de l'art. 17 de la loi du 25 mars 1822, a confirmé ledit jugement purement et simplement, et condamné le sieur Santo-Domingo aux dépens.

La cour a en outre ordonné la destruction de l'ouvrage saisi.

Moniteur du 26 mars 1825.

Le sieur Antoine Année ayant été condamné par le tribunal de police correctionnelle de la Seine, le 15 juillet 1824, à trois mois de prison et 3oo f. d'amende pour délit d'outrages commis envers la religion de l'état et les ministres du culte, en composant un article intitulé : *Tablettes romaines*, inséré dans le *Mercure du dix-neuvième siècle*, quarante-huitième livraison, vendue et distribuée; délit prévu par les art. 1er et 6 de la loi du 25 mars 1822,

La cour royale de Paris, sur l'appel par lui interjeté de ce jugement, et par arrêt rendu le 25 novembre 1824, en audience solennelle des ı^{re} chambre civile et chambre correctionnelle réunies, aux termes de l'art. 17 de la loi du 25 mars 1822, en qualifiant le délit de simple outrage à la morale publique et religieuse, prévu par l'art. 8 de la loi du 17 mai 1819, a maintenu la condamnation susénoncée pour un mois de prison et 300 fr. d'amende.

La cour a en outre déclaré définitive la saisie de l'ouvrage, et ordonné la suppression et la destruction des exemplaires saisis.

Moniteur du 26 mars 1825.

Le sieur Jacques Coste ayant été reconnu coupable d'avoir, dans un article ayant pour titre : *Bulletin politique*, commençant par ces mots : *Il est arrivé*, et inséré dans la quarante-sixième livraison du journal intitulé : *les Tablettes universelles*, dont il est l'éditeur, excité à la haine et au mépris du gouvernement du Roi ;

Et le sieur Jean-Baptiste Constant Chantpie, imprimeur, ayant aussi été déclaré coupable d'avoir agi sciemment en imprimant au nombre de quatre mille exemplaires et sous le titre de *prospectus*, l'article dont il s'agit, et de s'être ainsi rendu complice de Coste ;

Délits prévus par les art. 4 de la loi du 25 mars 1822, et 62 du Code pénal ;

Ont été condamnés, par jugement du tribunal de police correctionnelle de Paris, en date du 24 décembre 1823, chacun à un mois de prison, et solidairement chacun en 1,50 fr. d'amende.

La cour royale de Paris, sur l'appel par eux interjeté de ce jugement et par arrêt rendu le 29 janvier 1824, en audience des 1re chambre civile et chambre correctionnelle réunies, aux termes de l'art. 17 de la loi du 25 mars 1822, en donnant défaut contre Chantpie, a confirmé ledit jugement purement et simplement, et a donné acte à Coste du désistement de son appel.

Et par autre arrêt contradictoire, en date du 6 mai 1824, la cour a débouté Constant Chantpie de l'opposition par lui formée à l'exécution de l'arrêt par défaut, et a ordonné l'exécution pure et simple desdits jugement et arrêt.

Moniteur du 26 mars 1825.

Le sieur Kœchlin, ayant été déclaré coupable d'avoir, dans une brochure ayant pour titre : *Relation historique des événemens qui ont eu lieu à Colmar et dans les villes et communes environnantes, les 2 et 3 juillet 1822, publiée par M. Kœchlin, député du Haut-Rhin,* de laquelle il s'est reconnu tout à la fois l'auteur et l'éditeur, excité au mépris et à la haine du gouvernement du Roi, en l'accusant, sans preuve et contre l'évidence des faits, d'avouer et de récompenser les conspirations de police, d'avoir provoqué par des agens l'embauchage dont Caron s'est rendu coupa-

ble, et d'avoir essayé d'exciter, par un simu-
lacre de révolte, les habitans du Haut-Rhin
à y prendre part, afin d'avoir un prétexte
pour les traiter comme des séditieux ; d'avoir
encore outragé les autorités civiles et militaires du département du Haut-Rhin, en les
accusant, à l'aide de faits faux et démontrés
tels, d'avoir été les instrumens aveugles et
odieux d'un guet-à-pens et de trames également infâmes et dangereuses ;

Délits prévus par les art. 4 et 6 de la loi du
25 mars 1822 ;

A été condamné, par jugement rendu par
défaut le 8 janvier 1823, au tribunal correctionnel de Paris, à une année de prison et
en 5,000 fr. d'amende ; mais par autre jugement contradictoire, en date du 17 mai 1823,
la peine de l'emprisonnement a été réduite à
six mois et l'amende à 3,000 fr.

Et le sieur Jean-Baptiste Constant Chantpie, imprimeur, ayant été déclaré coupable
d'avoir agi sciemment en imprimant la brochure dont s'agit,

A été condamné, en vertu des art. 4 et 6 de
la loi précitée et par le jugement dudit jour,
8 janvier 1823, mais contradictoire à son
égard, à la peine d'un mois de prison et de
500 fr. d'amende.

La cour royale de Paris, sur l'appel par
eux interjeté desdits jugemens, et par arrêt
rendu le 17 juillet 1823, en audience des
1re chambre civile et chambre correctionnelle réunies, aux termes de l'art. 17 de la loi

du 25 mars 1822 , statuant à l'égard de Kœchlin , a confirmé le jugement ci-dessus purement et simplement ; et à l'égard de Chantpie, considérant qu'en imprimant un ouvrage portant la signature de Kœchlin , député , il a pu agir de bonne foi, la cour a infirmé le jugement , déchargé ledit Chantpie des condamnations portées contre lui , et au principal l'a renvoyé des fins de la plainte.

La cour , faisant droit sur le réquisitoire du ministère public , à l'égard du mémoire signé Kœchlin, et distribué dans la cause ;

Considérant que ce mémoire reproduisant tout ou partie des imputations de la brochure condamnée , au lieu de servir à la défense, a été une aggravation du délit,

A ordonné que le mémoire serait et demeurerait supprimé.

Moniteur du 26 mars 1825.

Le sieur Alexis Lagarde , ayant été déclaré coupable d'avoir , dans un écrit imprimé dont il s'est reconnu l'auteur, et ayant pour titre : *Epître à mon Curé*, commis des outrages envers les mœurs et contre les ministres de la religion et de l'état en général , et d'avoir cherché à exciter le mépris et la haine des citoyens contre la classe des missionnaires , et celle des frères des écoles chrétiennes , corporations autorisées par le gouvernement ;

Délits prévus par les articles 8 de la loi du

17 mai 1819, 6 et 10 de la loi du 25 mars 1822 ;

A été condamné à trois mois d'emprisonnement, 100 fr. d'amende et aux frais, par jugement du tribunal correctionnel de Paris, en date du 6 mars 1823.

La cour royale de Paris, sur l'appel par lui interjeté de ce jugement, et par arrêt rendu le 13 mai 1823, en audience des 1re chambre civile et chambre correct. réunies, aux termes de l'art. 17 de la loi du 25 mars 1822, a confirmé le jugement ci-dessus, en ce que ledit Lagarde a été déclaré coupable du délit prévu par l'art. 6 de la loi du 25 mars 1822 ; émendant quant à ce, a fixé la peine de l'emprisonnement à un mois, sur la disposition l'amende sortissant effet.

Moniteur du 26 mars 1825.

Le sieur Jean-Marie-André Nadau, libr., ayant été déclaré coupable d'avoir, en faisant imprimer, vendant et distribuant un ouvrage intitulé : *Histoire véritable de Tchen-Cheouli*, et composé par Barginet, dans lequel ouvrage il est question de la France, 1° excité à la haine et au mépris du gouvernement du Roi, délit prévu par l'art. 1er de la loi du 17 mai 1819 et 4 de celle du 25 mars 1822 ; 2° offensé les princes et une princesse de la famille royale, délit prévu par les art. 1er et 10 de la loi du 17 mai 1819 ; 3° attaqué les droits que le Roi tient de sa naissance, et ceux en vertu desquels il a donné la Charte, délit prévu par les art. 1er de la loi du 17 mai 1819, et 2 de celle du 25 mars 1822; 4° et enfin provoqué à la désobéissance aux lois, délit prévu par l'article 6 de la loi du 17 mai 1819;

A été condamné, par jugement contradictoire du tribunal correctionnel de Paris, en date du 4 juin dernier, à treize mois d'emprisonnement et en 1,000 francs d'amende. Il a été aussi ordonné que les exemplaires saisis et tous ceux qui pourraient l'être par la suite seront supprimés.

La cour royale de Paris, sur l'appel par lui interjeté de ce jugement, et par arrêt rendu le 19 août 1822, en audience des 1re chambre civile et chambre correctionnelle réunies, aux termes de l'art. 17 de la loi du 25 mars 1822, a donné défaut contre Nadau, non comparant ni personne pour lui, et a confirmé le jugement ci-dessus daté et énoncé.

Moniteur du 26 *mars* 1825.

Sur l'appel interjetté par le sieur Jean-Baptiste Rousseau, libraire, d'un jugement rendu au tribunal correctionnel de Paris, le 12 octobre 1822, par lequel, sans s'arrêter aux moyens de nullité, résultant de ce que les saisies sur lui faites le 17 août précédent, des ouvrages intitulés :

1°. *Les chansons de Bérenger.*
2°. *Les Etincelles.*

5°. *Mémoires pour servir à l'Histoire dé France.*

4°. *Dictionnaire féodal*, par Collin de Plancy.

5°. *Les P....... cloîtrées*, avec figures obscènes.

6°. *Les Mœurs françaises*, ou *l'Académie des dames*, avec figures.

7°. *Momus redivivus*, avec figures obscènes.

8°. *Les Amours du Saint-Père le pape*, avec figures obscènes.

9°. *Description topographique* (à bon entendeur, salut).

10°. *Confession de Clémentine*, suivies d'Ormin et Azéma.

11°. *Margot la ravaudeuse.*

12°. *La Canonnade*, ou *Histoire philosophique du mal de Naples.*

13°. *Les Filles de joie*, nouvelle traduction avec figures.

14°. *Contes érotiques* et poésies de Grécourt.

15°. *Thémidore*, ou *mon Histoire et celle de ma maîtresse*, avec figures.

16° *Théâtre gaillard.*

Ne lui avait pas été notifiée, dans les trois jours voulus par l'art. 7 de la loi du 17 mai 1819, ce tribunal a retenu la cause et ordonné qu'il serait passé outre aux débats sur le fond de la prévention.

La cour royale de Paris, par arrêt rendu le 16 novembre 1822, en audience des première chambre civile et chambre correctionnelle réunies, aux termes de l'art 17 de la loi du 25 mars 1822, a statué ainsi qu'il suit : Attendu que la saisie n'a pas été notifiée dans les trois jours, met l'appellation et ce dont est appel au néant, émendant décharge Rousseau de l'action, et néanmoins sur les conclusions du procureur général et du consentement de Rousseau, ordonne que les ouvrages dont il s'agit seront retenus au greffe pour être mis sous le pilon.

Moniteur du 26 *mars* 1825.

Le sieur Michel Dardouville ayant été renvoyé par jugement du tribunal de police correctionnelle de Paris, en date du 8 octobre 1822, de la prévention d'avoir, dans un écrit dont il s'est reconnu l'auteur, et intitulé : *Quelques réflexions sur la trahison,* excité à la haine et au mépris du gouvernement du Roi,

La cour royale de Paris, sur l'appel interjeté par M. le procureur du Roi, et par arrêt rendu le 7 décembre 1822, en audience des 1re chambre civile et chambre correctionnelle réunies, aux termes de l'art. 17 de la loi du 25 mars 1822, infirmé ledit jugement, et considérant que de l'ensemble de la brochure, il résulte la preuve que Dardouville a excité à la haine du gouvernement du Roi, l'a déclaré coupable du délit prévu par l'art. 4 de la loi du 25 mars 1822, en consé-

quence l'a condamné à un mois d'emprisonnement et à 5oo fr. d'amende.

La cour a en outre déclaré bonne et valable la saisie de la brochure dont il s'agit.

Moniteur du 26 mars 1825.

Le sieur Pierre Lagier, libraire, ayant été
déclaré coupable d'avoir eu en sa possession,
exposé et mis en vente des ouvrages sans
nom d'imprimeur, tels que *Félicia, les trois
Moines, la Pucelle* et autres ; 2" d'avoir exposé et mis en vente des gravures sans l'autorisation du gouvernement ; 3° d'avoir commis
le délit d'outrage à la morale publique et
religieuse en mettant en vente l'ouvrage intitulé *la Chandelle d'Arras*, et le délit d'outrage aux bonnes mœurs en publiant *Félicia*,

A été condamné, en vertu des art 19 de
la loi du 21 octobre 1814, 1er de celle du
17 mai 1819, 12 de celle du 25 mars 1822, et
2 de l'ordonnance du Roi du 1er mai, même
année, à un mois de prison et 100 fr. d'a-
mende, par jugement du tribunal de police
correctionnelle de Paris, en date du 18 octobre dernier (1822).

La cour royale de Paris, sur l'appel par lui
interjeté de ce jugement et par arrêt rendu
le 21 décembre 1822, en audience des première chambre civile et chambre correctionnelle réunies, aux termes de l'art. 17 de
la loi du 25 mars 1822, a infirmé ledit jugement, renvoyé Lagier des fins de la plainte,

et néanmoins, considérant que les ouvrages saisis sont généralement contraires aux bonnes mœurs, a ordonné d'office que lesdits ouvrages seraient mis sous le pilon.

Moniteur du 26 mars 1825.

Le sieur Jean−Marie−Auguste Niogret ayant été déclaré coupable des délits d'outrages envers la religion de l'état, d'attaque contre la dignité royale, contre les droits que le Roi tient de sa naissance, ceux en vertu desquels il a donné la Charte, et contre son autorité constitutionnelle et l'inviolabilité de sa personne, en faisant imprimer, mettant en vente et vendant un ouvrage en deux volumes, ayant pour titre : *Système social*, ou *Principes naturels de la morale et de la politique*, délits prévus par les art. 1er et 2 de la loi du 25 mai 1822,

A été condamné, par jugement contradictoire du tribunal de police correctionnelle de Paris, en date du 29 novembre 1822, à trois mois d'emprisonnement et 300 fr. d'amende. Il a été aussi ordonné que les exemplaires saisis seraient lacérés.

La cour royale de Paris, sur l'appel par lui interjeté de ce jugement, et par arrêt rendu le 30 janvier 1823 en audience des 1re chambre civile et chambre correctionnelle réunies, aux termes de l'art. 17 de la loi du 25 mars 1822, en donnant défaut contre lui et en confirmant toutes les autres dispositions dudit jugement , a condamné Niogret à 4,000 fr. d'amende et aux dépens.

Et par autre arrêt contradictoire, en date du 1er mars 1823, la cour a débouté ledit Niogret de l'opposition par lui formée à l'exécution de l'arrêt par défaut, ordonné l'exécution du jugement et dudit arrêt, et a néanmoins réduit l'amende à 1,000 fr.

Moniteur du 26 mars 1825.

Le sieur Joseph – Étienne Jouy ayant été déclaré coupable d'avoir, dans l'article des frères Faucher de la *Biographie des contemporains*, dont il s'est reconnu l'auteur, excité à la haine et au mépris du gouvernement du Roi, en qualifiant d'héroïque l'action des frères Faucher, de s'être barricadés dans leur maison et de s'être défendus pied à pied contre les autorités du gouvernement du Roi , et en faisant une comparaison entre la terreur de 1795 et le gouvernement du Roi, même au désavantage de ce dernier , délit prévu par l'art. 4 de la loi du 25 mars 1822 ,

A été condamné, par jugement contradictoire rendu , le 29 janvier 1823 , au tribunal correctionnel de Paris, à un mois d'emprisonnement et 150 fr. d'amende;

Ce jugement a aussi ordonné que ledit article serait supprimé de la *Biographie des contemporains*, et que la suppression effectuée , les exemplaires saisis seraient restitués aux parties saisies.

Et le sieur Antoine Jay, ayant été, par le même jugement, renvoyé de la même prévention, résultant des termes de l'article *Boyer Fonfrède*, inséré dans la *Biographie des contemporains*, et dont ledit Jay s'est reconnu l'auteur,

La cour royale de Paris, sur l'appel interjeté par Jouy, et *à minimâ* par M. le procureur du Roi, a, par arrêt rendu le 10 avril 1825, en audience des 1re chambre civile et chambre correctionnelle réunies, aux termes de l'art. 17 de la loi du 25 mars 1822, confirmé purement et simplement ledit jugement à l'égard dudit Jouy.

Et, sur l'appel interjeté par M. le procureur du Roi, à l'égard de Jay, ladite cour, par le même arrêt, a infirmé la disposition du jugement qui acquitte Jay, et, attendu que l'article *Boyer Fonfrède*, dont ledit Jay s'est reconnu l'auteur, contient un outrage à la morale publique, délit prévu par l'article 8 de la loi du 17 mai 1819, l'a condamné à un mois de prison, 16 fr. d'amende, et a, en outre, ordonné que le passage condamné serait supprimé de la *Biographie des contemporains*.

Moniteur du 26 mars 1825.

Le sieur Charles-Hippolyte Barrault Roullon ayant été déclaré coupable d'avoir, dans un ouvrage intitulé : *Des Peuples et des gouvernemens, pensées extraites de Raynal*, dont ledit Barrault Roullon s'est reconnu l'éditeur, commis des outrages envers la religion de l'état, des attaques contre la dignité royale, contre l'ordre de successibilité au trône, contre les droits que le Roi tient de sa naissance et contre son autorité constitutionnelle, délits prévus par les art. 1er et 2 de la loi du 25 mars 1822,

A été condamné, par jugement rendu le 28 décembre 1822, au tribunal correctionnel de Paris, à six mois d'emprisonnement et 500 fr. d'amende.

Le jugement a, en outre, ordonné la suppression de l'ouvrage.

La cour royale de Paris, sur l'appel par lui interjeté de ce jugement, et par arrêt rendu le 17 avril 1823, en audience des 1re chambre civile et chambre correctionnelle réunies, aux termes de l'art. 17 de la loi du 25 mars 1822, en donnant défaut contre Barrault Roullon, a confirmé ledit jugement purement et simplement.

Et, par autre arrêt contradictoire, en date du 12 juin 1823, la cour a débouté ledit Barrault Roullon de l'opposition par lui formée à l'exécution de l'arrêt par défaut, et a ordonné l'exécution desdits jugement et arrêt, réduisant néanmoins l'emprisonnement à trois mois.

Moniteur du 26 mars 1825.

Le sieur Adolphe Chasseriau, libraire, ayant été renvoyé, par jugement du tribunal de police correctionnelle de Paris, en date du 11 mars 1823, de la prévention de s'être rendu éditeur d'un ouvrage intitulé : *Abrégé de l'origine de tous les cultes, par Dupuis*, lequel ouvrage contenait des outrages continuels à la religion de l'état, ainsi qu'à la morale universelle,

La cour royale de Paris, sur l'appel interjeté par M. le procureur du Roi, et par arrêt rendu le 26 juin 1823, en audience des 1re chambre civile et chambre correctionnelle réunies, aux termes de l'art. 17 de la loi du 25 mars 1822, a confirmé le jugement ci-dessus daté et énoncé, et a ordonné néanmoins qu'à la diligence du procureur général, tous les exemplaires de l'ouvrage dont il s'agit, et de quelque format qu'ils soient, seraient saisis.

Moniteur du 26 mars 1825.

Le sieur Alexandre Schubart, homme de lettres, et Ulfrand Ponthieu, libraire, ayant été reconnus coupables d'avoir commis un outrage à la morale publique et religieuse : le premier, en coopérant à la traduction d'un ouvrage intitulé : *Mémoires sur la cour de Louis XIV*, et le deuxième, en contribuant à la publication de cet ouvrage,

Délit prévu par l'art. 8 de la loi du 17 mai 1819,

Ont été condamnés, par jugement contradictoire rendu au tribunal correctionnel de

Paris, le 22 mars 1823, à un mois de prison, 5o fr. d'amende et solidairement aux frais.

Il a été en outre ordonné, par le même jugement, que tous les exemplaires saisis et ceux qui pourraient l'être par la suite, seraient mis au pilon.

La cour royale de Paris, sur l'appel par eux interjeté de ce jugement, et par arrêt rendu le 26 juin 1823, en audience des 1re chambre civile et chambre correctionnelle réunies, aux termes de l'art. 17 de la loi du 25 mars 1822, statuant à l'égard de Ponthieu : attendu qu'il établit suffisamment l'erreur de bonne foi, infirme ledit jugement, et émendant, le décharge des condamnations prononcées contre lui et le renvoie de la plainte ;

Et, à l'égard de Schubart, attendu que si, en traduisant l'ouvrage dont il s'agit, il n'a pas fait tous les retranchemens dont il était susceptible, ceux qu'il a faits, et la remise volontaire de la presque totalité des exemplaires, sont des circonstances atténuantes ; met l'appellation et ce dont est appel au néant, en ce que Schubart a été condamné à un mois de prison et 5o fr. d'amende, émendant, le décharge desdites condamnations ; le jugement au résidu, quant à la confiscation et suppression des exemplaires saisis, sortissant effet.

Moniteur du 26 mars 1825.

Le sieur Pierre-Augustin Perrint, architecte,

ayant été renvoyé par jugement contraditoire du tribunal de police correctionnelle de Paris, en date du 25 janvier 1823, de la prévention d'avoir composé un écrit séditieux, intitulé : *Cantate en douze chants sur l'appui des braves*,

Et le sieur Jean-Baptiste-Armand Pillet, imprimeur, ayant été condamné par le même jugement à 3,000 fr. d'amende et aux frais, pour avoir, en contravention de l'art. 17 de la loi du 21 octobre 1814, imprimé l'écrit en question, sans indication de nom de l'imprimeur,

La cour royale de Paris, sur l'appel interjeté par M. le procureur du Roi, à l'égard de Perrint, et par arrêt rendu le 22 mars 1823, en audience des 1re chambre civile et chambre correctionnelle réunies, en vertu de l'art. 17 de la loi du 25 mars 1822, a infirmé ledit jugement, et considérant que, par la publication de l'écrit saisi, Perrint s'est rendu coupable d'une provocation non suivie d'effet, à commettre le délit prévu par l'art. 8 de la loi du 25 mars 1822, et faisant application de l'art. 3 de celle du 17 mai 1819, la cour a condamné ledit Perrint à trois jours de prison et 100 fr. d'amende.

Par le même arrêt et sur l'appel de Pillet, la cour a confirmé ledit jugement purement et simplement à son égard, et l'a condamné aux frais.

(Le jugement a ordonné d'office la destruction de l'exemplaire saisi.)

Moniteur du 6 mars 1825.

Le sieur Sulpice-Charles Lhuillier, libraire, et le sieur François Pillet, prote en imprimerie, ayant été reconnus coupables d'avoir, de complicité, imprimé et distribué un écrit intitulé : *Relation détaillée des faits qui se sont passés à Paris dans la journée du 3 juin 1822, à l'occasion de l'anniversaire de la mort de Lallemand ;* lequel écrit, dont Lhuillier paraissait l'éditeur, présentait les caractères de provocation à la haine et au mépris du gouvernement du Roi, à la rébellion envers les agens de l'autorité, au renversement du gouvernement, au meurtre, et encore les caractères de diffamation envers un conseil de guerre, délits prévus par les art. 4, 5, 6 de la loi du 25 mars 1822 ; 1, 2, 16 de celle du 17 mai 1819 ; 59 et 60 du Code pénal,

Ont été condamnés, par jugement du tribunal de police correctionnelle de Paris en date du 3 août 1822, savoir : Lhuillier, à six mois d'emprisonnement et 1,200 fr. d'amende ; et Pillet aussi, à six mois de prison et 100 fr. d'amende : il a été en outre ordonné que les exemplaires de la brochure saisis, et ceux qui pourraient l'être, seraient détruits.

La cour royale de Paris, par arrêt rendu le 16 novembre 1822, en audience des 1re chambre civile et chambre correctionnelle réunies, aux termes de l'art. 17 de la loi du 25 mars précédent, a débouté Pillet de l'opposition par lui formée à l'exécution de l'arrêt par défaut intervenu en la cour, le 7 novembre 1822, confirmatif du jugement ci-dessus énoncé, et en a ordonné l'exécution, réduisant cependant l'emprisonnement à trois mois.

Moniteur du 6 septembre 1825.

Le sieur Barba (Jean-Nicolas), libraire au Palais-Royal, et propriétaire éditeur des OEuvres du sieur Pigault-Lebrun, ayant été déclaré coupable du délit prévu par l'art. 8 de la loi du 17 mai 1819, pour avoir fait imprimer, publier et vendre l'ouvrage intitulé : *l'Enfant du Carnaval*, lequel présente les caractères d'outrage à la morale publique et religieuse, a été condamné à huit jours d'emprisonnement, à 16 fr. d'amende et aux dépens, par jugement du tribunal correctionnel, 6e chambre, en date du 25 juin 1825.

Le même jugement ordonne que les exemplaires saisis seront confisqués pour être détruits.

Moniteur du 20 septembre 1825.

Le sieur Eugène Garay de Monglave ayant été déclaré coupable du délit prévu par l'art. 8 de la loi du 17 mai 1819, pour avoir composé, fait imprimer et publié un ouvrage intitulé : *les Parchemins et la livrée*, lequel présente les caractères d'outrage à la

orale publique et religieuse et aux bonnes
œurs, a été condamné à quinze jours d'emprisonnement, à 5oo fr. d'amende et aux dépens, par jugement du tribunal correctionnel
(6ᵉ chambre), en date du 3o juin 1825.

Le même jugement ordonne que l'ouvrage
saisi sera retenu au greffe pour être détruit.

Moniteur du 9 octobre 1825.

Louis-François Raban, homme de lettres,
ayant été déclaré coupable d'outrages à la
morale publique et religieuse et aux bonnes
mœurs, pour avoir composé :

1° L'ouvrage intitulé : *le Curé capitaine;*

2° Un autre ouvrage ayant pour titre : *mon
Cousin Mathieu;*

Lesquels ont été mis en vente et distribués;

Délit prévu par les art. 1ᵉʳ et 8 de la loi du
17 mai 1819;

A été condamné par deux jugemens du
tribunal correctionnel du département de la
Seine, en date du 19 octobre 1824, à deux
mois d'emprisonnement et à 16 fr. d'amende
pour chacun de ces écrits, et aux dépens.

Le tribunal a aussi déclaré valable la saisie
de ces ouvrages, dont il a ordonné la destruction.

Moniteur du 3o novembre 1825.

Le sieur Pierre Soulé, homme de lettres,
ayant été reconnu coupable des délits d'ou-

trages à la morale publique et religieuse , et d'outrages envers la religion de l'état , en insérant dans un journal intitulé : *le Nain* , dont il s'est reconnu auteur et éditeur, des articles ayant pour titre : *le Cardinal et le capucin et croyances diverses* ,

A été condamné à quatre mois de prison et 5oo fr. d'amende , par jugement du tribunal de police correctionnelle de Paris , en date du 29 avril 1825 , lequel a été confirmé par arrêt de la cour royale de Paris , chambre des appels de police correctionnelle du 25 juin suivant.

Ledit jugement a déclaré bonne et valable la saisie des n°ˢ 5 , 7, 10, 11, 12 , 13 , du journal , et ordonné qu'extrait de ce jugement serait inséré , dans le mois, dans l'un de ses numéros.

Moniteur du 2 février 1826.

Le sieur Hippolyte Roubaud fils ayant été déclaré coupable des délits d'outrage à la morale publique et religieuse et aux bonnes mœurs , pour avoir publié dans le n° 2 du journal intitulé *le Sylphe* , une pièce de vers intitulée : *Ce que j'aime et ce que je n'aime pas* , a été condamné , en vertu des art. 1 et 8 de la loi du 17 mai 1819 , et des art. 194 du Code d'instruction criminelle et 52 du Code pénal , à un mois d'emprisonnement , 16 fr. d'amende et aux frais , par jugement du tribunal correctionnel de Draguignan, en date du 6 août 1825.

Le jugement a ordonné, en outre, la suppression des exemplaires saisis du n° 2, du journal intitulé *le Sylphe*.

Sur l'appel interjeté par le sieur Roubaud, la cour royale d'Aix (chambre civile et chambre des appels de police correctionnelle réunies), a confirmé le jugement du tribunal de Draguignan, par arrêt, en date du 13 décembre 1825, et a condamné l'appelant aux dépens.

Moniteur du 9 *février* 1826.

Par jugement du 16 décembre 1825, le tribunal correctionnel de Paris a déclaré bonne et valable la saisie faite de l'ouvrage intitulé : *Vie du chevalier de Faublas*, par Louvet de Couvray, comme présentant dans son ensemble les caractères d'outrage à la morale publique et religieuse, délit prévu par l'art. 8 de la loi du 17 mai 1819. Le tribunal a ordonné, en conséquence, que les exemplaires saisis et tous ceux du même ouvrage qui seront saisis par la suite, seraient mis au pilon, et a condamné aux dépens du procès le sieur Tardieu (André-Ambroise), éditeur, non convaincu d'avoir agi sciemment dans le fait de cette publication.

Moniteur du 31 mai 1826.

Par jugement du tribunal correctionnel de Paris, en date du 22 avril 1826, l'abbé de La Mennais s'étant reconnu l'auteur d'un ouvrage intitulé : *De la Religion considérée dans ses rapports avec l'ordre politique et civil*, a été condamné à une amende de 30 fr. et aux dépens, par application des art. 6, 1er et 3 de la loi du 17 mai 1819, et de l'art. 26 de la loi du 26 mai de la même année, comme s'étant rendu coupable, par la publication dudit ouvrage, du délit de provocation à la désobéissance aux lois.

Le même jugement a ordonné la saisie et la destruction au greffe de l'ouvrage précité.

Moniteur du 6 août 1826.

Par jugement du 31 mai 1826, le tribunal correctionnel du département de la Seine (6e chambre), a condamné à un mois d'emprisonnement et à 16 fr. d'amende le nommé Furcy Devaux, déclaré coupable du délit d'outrage à le morale publique et religieuse et aux bonnes mœurs, pour avoir colporté publiquement et exposé en vente les ouvrges intitulés : *Jacques le Fataliste; l'Abrégé de l'origine des cultes par Dupuis; la Guerre des Dieux*, et *les chansons de Béranger.*

Le même jugement déclare bonne et valable la saisie des quatre ouvrages dont il s'a-

git, et ordonne qu'ils seront détruits, ainsi
que tous ceux qui pourront être saisis ultérieurement.

Moniteur du 10 *septembre* 1826.

Par jugement du 12 août 1826, le tribunal
correctionnel du département de la Seine
(6ᵉ chambre), a condamné à 16 fr. d'amende
chacun, et aux frais, solidairement, en vertu
des art. 8 de la loi du 17 mai 1819, et 463 du
Code pénal, les sieurs Lottin (Jean-Pierre-Au-
guste), impr., et Bouquin (Paul-Joseph), libr.,
déclarés coupables du délit d'outrage à la
morale publique et aux bonnes mœurs, pour
avoir réimprimé l'ouvrage intitulé : *les Aven-*
tures divertissantes du duc de Roquelaure,
suivant les Mémoires que l'auteur a trouvés
dans le cabinet du maréchal d'H....
Le même jugement déclare bonne et valable la saisie dudit ouvrage, et ordonne
que les exemplaires saisis seront détruits au
greffe du tribunal.

Moniteur du 7 *novembre* 1826.

Le sieur Jean-François Leroux, libraire,
ayant été déclaré coupable :
1° D'avoir eu chez lui des ouvrages imprimés ne portant pas de nom d'imprimeur ;
2° D'outrages à la morale publique et religieuse ou aux bonnes mœurs, pour avoir
exposé ou mis en vente les ouvrages intitulés :

Thérèse philosophe et *le Meursius français,* livres licencieux et contenant des gravures obscènes ;

3° De rébellion envers les inspecteurs de la librairie ;

Délits prévus par les art. 19 de la loi du 21 octobre 1814, 8 de la loi du 17 mai 1819 et 212 du Code pénal,

A été condamné, par jugement contradictoire du tribunal correctionnel de Paris (6ᵉ chambre), en date du 6 juin 1822, à deux mois d'emprisonnement et à 500 fr. d'amende.

Moniteur du 7 novembre 1826.

Le sieur Jean-Louis Brière, libr., ayant été déclaré coupable d'outrages à la morale publique et religieuse, pour avoir publié l'ouvrage intitulé : *Mémoires historiques et philosophiques sur la vie et les ouvrages de Diderot,* par S. A. Naigeon, délit prévu par l'art. 8 de la loi du 17 mai 1819,

A été condamné, par jugement contradictoire du tribunal correctionnel de Paris (6ᵉ chambre), en date du 23 décembre 1823, à 500 fr. d'amende, en vertu de cette loi et de l'art. 463 du Code pénal.

Le même jugement a ordonné la destruction des exemplaires saisis.

Moniteur du 7 novembre 1826.

Le sieur Henri-Joseph-Victor Brehin Du-

cange, homme de lettres (déjà condamné à
six mois d'emprisonnement et 500 fr. d'a-
mende, le 26 juin 1821, par la cour d'assises
du département de la Seine, pour outrage à
la morale publique et religieuse), ayant été
déclaré coupable d'outrage aux bonnes mœurs,
pour avoir composé le roman intitulé : *The-
lène*, ou *l'Amour et la guerre*, délit prévu par
l'art. 8 de la loi du 17 mai 1819,

A été condamné, par jugement par défaut
du tribunal correctionnel de Paris (6e chambre), en date du 29 janvier 1824, à deux mois
d'emprisonnement et à 100 fr. d'amende.

Le même jugement a ordonné la suppression
des exemplaires saisis.

Moniteur du 7 novembre 1826.

Le sieur Jean-Pierre Lesguillon, sans état,
ayant été déclaré coupable :

1° D'avoir outragé et tourné en dérision la
religion de l'état ;

2° D'avoir dirigé des attaques contre la
dignité royale, dans un écrit intitulé : *Epître
à M. N. L. Lemercier*, dont il s'est reconnu
l'auteur, et qu'il a publié, distribué et mis en
vente ;

Délits prévus par les art. 1 et 2 de la loi du
25 mars 1822,

A été condamné, par jugement contradictoire du tribunal correctionnel de Paris
(6e chambre), en date du 1er juillet 1824, à

trois mois d'emprisonnement et à 3oo fr. d'a-
mende.

Le même jugement a déclaré définitive la
saisie des exemplaires de l'ouvrage déposé au
greffe.

Moniteur du 7 novembre 1826.

Le sieur Fortuné Pinet, avocat, ayant été
déclaré coupable,

1° D'outrages à la morale publique,

2° D'injures envers les cours et tribunaux
pour avoir composé l'ouvrage intitulé : *De
l'intrigue dans les tribunaux* (deuxième édition), dont il s'est reconnu l'auteur ;

Délits prévus par les art. 8 de la loi du
17 mai 18ı9, et 5 de la loi du 25 mars 1822,

A été condamné, par jugement contradictoire du tribunal correctionnel de Paris
(sixième chambre), en date du 15 juillet
1824, à un mois d'emprisonnement et à ı6 fr.
d'amende.

Le même jugement a déclaré valable et définitive la saisie de l'ouvrage, et a ordonné
la destruction des exemplaires saisis.

Moniteur du 7 novembre 1826.

Les sieurs Paul-Charles-Marie Ledoux, libraire,

Hippolyte Bonnelier, auteur,

Etienne-Constant Taillard, littérateur,

Ayant été déclarés coupables, savoir :

Ledoux, 1° d'outrage à la morale publique et aux bonnes mœurs ;

2°. De diffamation, pour avoir fait composer et imprimer , pour le vendre , l'ouvrage intitulé : *Petite Biographie des gens de lettres vivans ;*

Bonnelier, d'outrage à la morale publique et aux bonnes mœurs, comme auteur des articles *Fiebvé* et *Virginie de Senancourt*, insérés dans cette biographie ;

Taillard, de diffamation, comme auteur de l'article, *Armand Gouffé*, qui fait partie de la même biographie ;

Délits prévus par les art. 8 et 18 de la loi du 17 mai 1819,

Ont été condamnés , par jugement du trib. correctionnel de Paris (sixième chambre), en date du 22 août 1826 , rendu contradictoirement à l'égard de Ledoux et Bonnelier, et par défaut , en ce qui concerne Taillard, savoir :

Ledoux à un mois d'emprisonnement et à 25 fr. d'amende ;

Bonnelier à 5o fr. d'amende , par application de l'art. 465 du Code pénal ;

Taillard à 25 fr. d'amende.

Le même jugement a déclaré bonne et valable la saisie de l'ouvrage incriminé , et a ordonné que les exemplaires déposés au greffe seraient détruits.

Moniteur du 7 novembre 1826.

Le sieur François-Xavier d'Herbigny, propriétaire, ayant été déclaré coupable d'avoir outragé la religion de l'état et attaqué la dignité royale, en composant et publiant une brochure intitulée : *Nouvelles lettres provinciales* ,

Délits prévus par les art. 1er et 2 de la loi du 25 mars 1822,

A été condamné, par arrêt de la cour royale de Paris, 1re chambre civile et chambre des appels de police correctionnelle réunies, en date du 20 juin 1826, à trois mois d'emprisonnement et à 300 fr. d'amende.

Le même arrêt a ordonné que les exemplaires dudit ouvrage seront détruits, et qu'en conséquence ils seront saisis partout où ils seront trouvés.

Moniteur du 7 novembre 1826.

Le sieur Vincent Fournier Verneuil ayant été déclaré coupable d'outrage à la morale publique pour avoir composé l'ouvrage intitulé : *Paris, tableau moral et philosophique* , qui contient des peintures indécentes et des expressions obscènes,

Délit prévu par l'art 8 de la loi du 17 mai 1819,

A été condamné, par jugement du tribunal correctionnel de Paris, en date du 19 avril 1826, à six mois d'emprisonnement et à 25 f. d'amende.

Le même jugement a ordonné la destruction des exemplaires saisis et de ceux qui pourraient l'être ultérieurement.

Sur l'appel dudit Fournier Verneuil et sur celui du procureur général, interjeté *à minimá*, la cour royale de Paris, 1ʳᵉ chambre civile et chambre des appels de police correctionnelle réunies, a, par arrêt du 13 juin 1826, confirmé purement et simplement le jugement ci-dessus rappelé.

Elle a de plus ordonné que le mémoire présenté par le prévenu pour sa défense, et qui était la continuation du délit, serait et demeurerait supprimé.

Moniteur du 7 novembre 1826.

Les sieurs Jean-Hemerie Bourrut, fabricant,

André Besson, marchand colporteur,

Jean-Pierre Cottenet, imprimeur en taille douce,

Jean-Jacques Merlot, peintre, ayant été déclarés coupables, savoir :

Bourrut, 1° d'outrages aux bonnes mœurs et à la morale publique et religieuse, en fabricant, mettant en vente, vendant et distribuant des livres, gravures et autres objets obscènes, notamment les ouvrages intitulés : *la Fille de joie*, *Thérèse philosophe*, *l'Arétin*, *le Meursius français*, et les gravures désignées sous les titres : *Extase de l'Amour*, *Lanterne magique*;

2º D'avoir mis en vente, vendu et distribué des livres imprimés qui ne contiennent ni le nom, ni la demeure de l'imprimeur;

3º D'avoir mis en vente, vendu et distribué des gravures sans l'autorisation préalable du gouvernement;

4º D'avoir eu chez lui des boîtes de cartes fabriquées en contravention aux lois, et des jeux de cartes non timbrées;

Besson, Cottenet et Merlot d'outrage aux bonnes mœurs, comme complices de Bourrut dans la fabrication et la vente des objets ci-dessus spécifiés;

Délits et contraventions prévus par les art. 1er et 8 de la loi du 17 mai 1819; 283 et 287 du Code pénal, 12 de la loi du 25 mars 1822 et 166 de la loi du 28 avril 1816,

Ont été condamnés, par jugement contradictoire du tribunal correctionnel de Paris, 6e chambre, en date du 25 février 1825, savoir : Bourrut, à une année d'emprisonnement et à 3,500 fr. d'amende;

Merlot, Besson et Cottenet chacun à trois mois de prison et à 200 fr. d'amende.

Le même jugement déclare bonne et valable la saisie des objets déposés au greffe , tant
comme contraires aux mœurs que comme présentant des caractères séditieux (cette der-
niére disposition concerne la gravure du
Songe, emblême séditieux saisi chez le nommé
Cardon , autre prévenu qui a été acquitté) ;

Ordonne que tous lesdits objets seront détruits , ainsi que tous objets semblables qui
pourraient être saisis ultérieurement.

Ordonne enfin l'impression et l'affiche du
jugement , aux frais des condamnés , au nombre de vingt-cinq exemplaires.

Moniteur du 16 mai 1827.

Sur la plainte des sieurs Guillaume Hopkins
Northey , Robert Cuningham , Ernest Baron
Schmiederen , Thomas Carwick et Newton
Dikenson , parties civiles , et sur les réquisi-
tions du ministère public , le sieur Henri
Crondaele Wilson , militaire , né en Irlande ,
domicilié à Saint-Omer , a été condamné le
22 novembre 1826, par arrêt de la cour royale
de Douai , 1ʳᵉ chambre civile et chambre des
appels de police correctionnelle réunies , à
six mois d'emprisonnement , 200 f. d'amende
et aux frais , et en outre à 200 fr. de domma-
ges intérêts envers chacune des parties civiles,
par application des art. 13 , 14 et 18 de la loi
du 17 mai 1819 , et 194 du Code d'instruction
criminelle , comme s'étant rendu coupable de

diffamation , en composant et faisant imprimer et vendre un ouvrage ayant pour titre : *English society in Brussels described.*

Le même arrêt a ordonné, conformément à l'art. 26 de la loi du 26 mai 1819, la destruction des exemplaires saisis ou à saisir de l'ouvrage, l'impression et l'affiche du jugement au nombre de cinq cents exemplaires et sa publication dans la même forme que les jugemens portant déclaration d'absence.

Moniteur du 26 juillet 1827.

(Extr. des minutes du greffe de la cour royale de Paris.)

Sur l'opposition formée par Pierre-Constant Prodhomme, âgé de trente-deux ans, libraire, demeurant à Paris, boulevart des Capucines, n° 1, et Jean‑Baptiste Leloutre, âgé de vingt-sept ans, libraire, associé du sieur Prodhomme, demeurant aussi boulevart des Capucines,

A l'exécution de l'arrêt par défaut, en date du 21 avril dernier, par lequel la cour, statuant sur l'appel du ministère public, a infirmé un jugement du tribunal de police correctionnelle de Paris, rendu le 18 janvier 1827, et condamné lesdits Prodhomme et Leloutre à chacun un an d'emprisonnement et 500 fr. d'amende, pour avoir mis en vente et vendu , 1° l'ouvrage intitulé : *la Guerre des Dieux,* contenant, dans tout son contexte, des outrages à la morale publique et religieuse et aux bonnes mœurs ; 2° les ouvrages ayant pour titre : *Histoire de Faublas* ; *Chansons de Béranger* ; *Système de la nature* et *Système social*, déjà condamnés pour outrage à la morale publique et religieuse par jugement légalement publié,

La cour royale de Paris, 1re chambre civile et chambre des appels de police correctionnelle réunies, a, par arrêt du 19 juin 1827, reçu lesdits Prodhomme et Leloutre opposans au précédent arrêt du 21 avril, et faisant droit sur l'appel interjeté par M. le procureur du Roi du jugement susdaté, a mis l'appellation et ce dont est appel au néant, émendant et statuant par jugement nouveau : considérant qu'il est résulté de l'instruction et des débats que Prodhomme et Leloutre, libraires, ont mis en vente l'ouvrage intitulé : *la Guerre des Dieux*, contenant des outrages à la morale publique et religieuse et aux bonnes mœurs, délit prévu par l'art. 8 de la loi du 17 mai 1819,

La cour, faisant application dudit article, a condamné lesdits Prodhomme et Leloutre, chacun à deux mois de prison et 50 fr. d'amende ; déclaré bonne et valable la saisie des exemplaires dudit ouvrage, ordonné la confiscation et la destruction d'iceux, et que l'arrêt serait rendu public, conformément à la loi.

La cour a, en outre, confirmé la disposition de la sentence des premiers juges, par la-

quelle il a été ordonné que les autres ouvrages, précédemment condamnés et saisis pendant le cours de l'instruction, seraient détruits.

Pour extrait conforme délivré à M. le procureur-général ce requérant.

Le greffier en chef de la cour royale,

Signé DUPLÈS.

FIN.

LIBRAIRIE DE PILLET AINÉ,

RUE DES GRANDS-AUGUSTINS, N° 7.

MŒURS FRANÇAISES.

L'Hermite de la Chaussée-d'Antin, ou Observations sur les mœurs et usages des Français au commencement du 19ᵉ siècle ; par M. de Jouy, de l'Académie française. Cinq forts vol. in-12, ornés de 12 jolies gravures et de vignettes. Prix. . . 18—75
— Le même, cinq vol. in-8°. . 3o—oo

Guillaume le Franc-Parleur, ou Observations sur les mœurs, etc., faisant suite à l'Hermite de la Chaussée-d'Antin, et par le même auteur. Deux vol. in-12, ornés de 4 jolies gravures et de fleurons. . . 7—5o
— Le même, deux vol. in-8°. . 12—oo

L'Hermite de la Guiane, ou Observations sur les mœurs françaises, etc.; faisant suite à l'Hermite de la Chaussée-d'Antin et au Franc-Parleur, et par le même auteur. Trois vol. in-12, ornés de 6 jolies gravures et de fleurons. . . . . 11—25
— Le même, trois vol. in-8. . . 18—oo

L'Hermite en Province (suite de l'Hermite de la Chaussée-d'Antin, etc.), par M. de

Jouy, etc. Quatorze vol. in-12, ornés de gravures, cartes et vignettes. . . . 52—50
— Le même, quatorze vol. in-8°. 84—00

La Morale appliquée à la politique, pour servir d'introduction aux Observations sur les mœurs françaises au 19ᵉ siècle, par M. de Jouy. Ornée du portrait de l'auteur. Deux vol. in-12. . . . . 7—50
— La même, deux vol. in-8°. . 12—00

Le Bonhomme, ou Observations sur les mœurs et usages parisiens, par M. de Rougemont. Suite du Rôdeur. Un vol. in-12, orné de deux jolies gravures et de vignettes. 3—75
Le même, in-8°. . . . . 6—00

L'Hermite du Faubourg Saint-Germain, ou Observations sur les mœurs et usages des Parisiens au commencement du 19ᵉ siècle; faisant suite à la Collection des Mœurs françaises de M. de Jouy; par M. Colnet, auteur de *l'Art de Dîner en ville.* Deux vol. in-12, ornés de gravures, vignettes et culs-de-lampe dessinés et gravés par d'habiles artistes. . . . . 7—30
— Le même, deux vol. in-8°. . 12—00

L'Ecrivain public, ou Observations sur les mœurs et les usages du peuple au commencement du 19ᵉ siècle, recueillies par feu Le Ragois, et publiées par Mᵐᵉ Sophie P*****, auteur du *Prêtre*, etc., etc., orné de gravures. Quatre vol. in-12. . . . . . . 12—00

MŒURS ANGLAISES.

L'Hermite de Londres, ou Observations sur
les mœurs et usages des Anglais au com-
mencement du 19ᵉ siècle ; faisant suite à la
Collection des Mœurs françaises de M. de
Jouy, membre de l'Académie française.
Trois vol. in-12, ornés de gravures, plans
et vignettes. . . . . 11—25
— Le même, trois vol. in-8°. . 18—00

L'Hermite en Ecosse, ou Observations sur les
mœurs et usages des Ecossais au commencement du 19ᵉ siècle, faisant suite à la Collection des Mœurs anglaises. Deux vol.
in-12, ornés de jolies gravures et vignettes . . . . 7—50
— Le même, deux vol. in-8°. . . 12—00

L'Hermite en Irlande, ou Observations sur
les mœurs et usages des Irlandais au commencement du 19ᵉ siècle ; faisant suite à la
Collection des Mœurs anglaises. Deux vol.
in-12, ornés de jolies gravures et vignettes . . . . 7—50
— Le même, deux vol. in-8°. . 12—00

MŒURS ITALIENNES.

L'Hermite en Italie, ou Observations sur les
mœurs et usages des Italiens au commencement du 19ᵉ siècle ; faisant suite à la Col-

lection des Mœurs françaises et anglaises.
Quatre vol. in-12, ornés de gravures, cartes géographiques et vignettes, offrant des vues de lieux et de monumens remarquables. 15—00
— Le même, quatre vol. in-8°. 24—00

MŒURS ESPAGNOLES.

Madrid, ou Observations sur les mœurs et usages des Espagnols au commencement du 19e siècle, pour faire suite à la Collection des Mœurs françaises, anglaises et italiennes. Deux vol. in-12, ornés de gravures et vignettes. . . . . 7—50
— Le même, deux vol. in-8°. . 12—00

Histoire de l'Expédition de Russie, par le marquis de Chambray, colonel d'artillerie. Seconde édition. Trois forts vol. in-8°, avec trois vignettes et un atlas séparé. Papier superfin des Vosges. . . . . . . 30—00
— Le même, papier grand-raisin vélin satiné. . . . . 60—00

CATALOGUE

DES

OUVRAGES CONDAMNÉS

DEPUIS 1814 JUSQU'A CE JOUR

(1er SEPTEMBRE 1827).

~~~~~~~~~~~~~~~~~~~~~~~~~~~~~~~~~~~~~~

A

A BON ENTENDEUR SALUT, ou *Description topographique*.

Cour royale de Paris, 16 novemb. 1822.

Arrêt inséré au *Moniteur* du 26 mars 1825. (Voyez page 36.)

La cour a ordonné la destruction de l'écrit, du consentement du prévenu, qui a été acquitté.

ABRÉGÉ DE L'ORIGINE DES CULTES, par Dupuis.
~~~~~~~~~~~~~~~~~~~~~~~~~~~~~~~~~~~~~~

Cour royale de Paris, 26 juin 1823.

Arrêt inséré au *Moniteur* du 26 mars 1825. (V. p. 44.)

Tribunal de 1re instance de la Seine, 31 mai 1826.

Jugement inséré au *Moniteur* du 6 août 1826. (V. p. 52.)

L'arrêt et le jugement ont ordonné la destruction des exemplaires saisis et de ceux qui pourraient l'être.

Deux jugemens, en date du 24 novembre 1826, rendus par le tribunal de première instance de la Seine, ont ordonné la destruction d'exemplaires saisis.

ACADÉMIE DES DAMES, avec gravures obscènes.

Cour royale de Paris, 16 nov. 1822.

Arrêt inséré au *Moniteur* du 26 mars 1825. (V. p. 36.)

Cet arrêt a ordonné la destruction de l'ouvrage, du consentement du prévenu, qui a été acquitté.

ACCENS (les) DE LA LIBERTÉ AU TOMBEAU DE NAPOLÉON, par Frédéric.

Cour d'assises de Paris, 10 nov. 1821.

L'arrêt a ordonné la destruction de l'écrit.

Aigle (l') captif.
Cour royale de Paris, 23 avril 1819.

Album (journal), par Magallon.
Cour royale de Paris, 15 mars 1823.
Articles intitulés :
Scènes de bourse,
Extrait de l'Almanach royal pour 1830,
Tribulations de l'homme de Dieu,
On annonce la recomposition de l'Ecole-de-Médecine.
Arrêt inséré au *Moniteur* du 2 avril 1823. (V. p. 18.)

Amant heureux (l'), gravure obscène.
Cour d'assises de Paris, 14 janv. 1822.

Amant pressant (l'), gravure obscène.
Cour d'assises de Paris, 14 janv. 1822.

Amans surpris (les), gravure obscène.
Cour d'assises de Paris, 14 janv. 1822.

Amnistie accordée par l'ordonnance du 13 novembre 1816 aux militaires qui ont suivi le roi a Gand.
Tribunal de première instance de la Seine, 13 mars 1817.
Le jugement a ordonné la destruction de l'écrit.

Amour (l') et la guerre, ou *Thélène* (4 vol.), par Ducange.

Tribunal de première instance de la Seine, 29 janvier 1824.

Moniteur du 7 novemb. 1826. (V. p. 54.)

Le jugement a ordonné la destruction de l'ouvrage.

Amours de Bonaparte (les). 1 vol. in-18.

Tribunal de première instance de la Seine, 3 avril 1823.

Destruction ordonnée du consentement du prévenu, qui a été acquitté à défaut de preuve suffisante de la publication dans le sens de la loi.

Amours de notre saint père le pape, avec figures.

Cour royale de Paris, 16 nov. 1822.

Arrêt inséré au *Moniteur* du 26 mars 1825. (V. pag. 36.)

Cet arrêt a ordonné la destruction de l'ouvrage, du consentement du prévenu, qui a été acquitté.

Anguille (l'), chanson de Pradel.

Cour royale de Paris, 11 juillet 1822.

Arrêt inséré au *Moniteur* des 26 juillet

*1822 (V. p. 12) et 26 mars 1825. (Voy. p. 22.)

Cour royale de Paris, 11 nov. 1822.

Arrêt inséré au *Moniteur* du 26 mars 1825. (V. p. 36.)

Ces deux arrêts ont ordonné la destruction de l'écrit.

ANTHOLOGIE ÉROTIQUE. Un volume.

Tribunal de première instance de la Seine, 7 mars 1823.

Destruction ordonnée.

APOTHÉOSE DES QUATRE CONDAMNÉS DE LA ROCHELLE, avec cette inscription : *Pro patriâ*.

Cour royale de Paris, 26 août 1823.

Cet arrêt a ordonné la destruction de la gravure.

APOTHÉOSE DE BONAPARTE (gravure).

Cour royale de Paris, 26 août 1823.

L'arrêt a ordonné la destruction de la gravure.

APERÇUS HISTORIQUES.

Cour d'assises de Paris, 28 juin 1820.

Arrêt inséré au *Moniteur* du 20 août 1820. (V. p. 6.)

La cour a ordonné la destruction des exemplaires saisis, ainsi que de ceux qui pourraient l'être ultérieurement.

Appui (l') des braves, cantate en 12 chants.

Cour royale de Paris, 22 mars 1823.

Arrêt inséré au *Moniteur* du 26 mars 1825. (V. p. 45.)

La cour a ordonné la destruction de l'écrit.

Arétin (l') français, avec figures. Un volume.

Cour royale de Paris, 19 mai 1815.

Tribunal de première instance de la Seine, 25 février 1825.

Jugement inséré au *Moniteur* du 7 nov. 1826. (V. p. 59.)

L'arrêt et le jugement ont ordonné la destruction de l'ouvrage.

Attente (l') voluptueuse, gravure obscène.

Tribunal de première instance de la Seine, 7 mars 1823.

Destruction ordonnée.

Attention, écrit séditieux, par Bousquet-Deschamps.

Cour d'assises de Paris , arrêt du 23 juin 1820, qui condamne le libraire.

Cet arrêt a été inséré au *Moniteur* du 15 août 1820. (V. pag. 5.)

La cour a ordonné la destruction des exemplaires saisis, ainsi que de ceux qui pourraient l'être ultérieurement.

Cour d'assises de Paris, autre arrêt du 23 juin 1820 contre l'auteur, inséré au *Moniteur* du 20 août 1820. (V. p. 7.)

Cet arrêt a aussi ordonné la destruction des exemplaires saisis et de ceux qui pourraient l'être ultérieurement.

Aventures divertissantes du duc de Roquelaure, suivant les Mémoires trouvés dans le cabinet du maréchal d'H......

Tribunal de première instance de la Seine, 12 août 1826.

Jugement inséré au *Moniteur* du 10 sep. 1826. (V. p. 53.)

Tribunal de première instance de la Seine, 8 novembre 1826.

Ces deux jugemens ont ordonné la destruction des exemplaires saisis.

Avis aux citoyens sur les événemens du 5 juin.

Cour d'assises de Paris, 14 juil. 1820.

L'arrêt a ordonné la suppression de l'écrit.

B

BɪʙʟɪᴏᴛʜÈQUᴇ ʜɪsᴛᴏʀɪQUᴇ, par Chevalier et Raynaud.
2e, 4e et 5e cahiers du Ier volume ; 1er, 3e et 6e cahiers du IIe volume.
Cour royale de Paris, 14 décemb. 1818.
L'arrêt a ordonné la destruction des exemplaires saisis.

BɪʙʟɪᴏᴛʜÈQUᴇ ʜɪsᴛᴏʀɪQUᴇ (supplément), par Chevalier.
Tribunal de première instance de la Seine, 7 janvier 1819.
Le jugement a ordonné la destruction des exemplaires saisis.

BɪᴊᴏU (le) ᴅᴇ sᴏᴄɪÉᴛÉ.
Cour royale de Paris, 19 mai 1815.
L'arrêt a ordonné la destruction de l'ouvrage.

Bɪᴏɢʀᴀᴘʜɪᴇ ᴅᴇs ᴄᴏᴍᴍɪssᴀɪʀᴇs ᴅᴇ ᴘᴏʟɪᴄᴇ ᴇᴛ ᴏffɪᴄɪᴇʀs ᴅᴇ ᴘᴀɪx ᴅᴇ ʟᴀ vɪʟʟᴇ ᴅᴇ Pᴀʀɪs, par Guyon.
Cour royale de Paris, 12 décemb. 1826.
La cour a ordonné la destruction des

exemplaires saisis et ceux qui pourraient l'être.

BIOGRAPHIE DES CONTEMPORAINS. Premier volume.

Articles Dargenson et Baden.

Tribunal de première instance de la Seine, 22 avril 1823.

Le jugement a ordonné la suppression des deux articles.

BIOGRAPHIE DES CONTEMPORAINS.

Article frères Faucher, par Jouy.

Article Boyer Fonfrède, par Jay.

Cour royale de Paris, 10 avril 1823.

Arrêt inséré au *Moniteur* des 2 mai 1823 (Voy. pag. 18.) et 26 mars 1825. (Voy. pag. 41.)

La cour a ordonné la suppression des deux articles.

BIOGRAPHIE, ou *Galerie historique des contemporains*, par Barthélemy.

Article comte de Mosbourg.

Cour royale de Paris, 17 avril 1823.

Arrêt inséré au *Moniteur* du 26 mars 1825. (Voy. pag. 26.)

La cour a ordonné la suppression de cet article dans tous les exemplaires non vendus et l'insertion de l'arrêt dans le troisième volume de la *Biographie.*

BIOGRAPHIE DES DAMES DE LA COUR ET DU FAUBOURG SAINT-GERMAIN, par Pitou.

Cour royale de Paris, 21 nov. 1826.

BIOGRAPHIE DES DÉPUTÉS DE LA CHAM-BRE SEPTENNALE, par Massey de Tyrone et Dentu.

Cour royale de Paris, 26 février 1827.

Destruction des exemplaires saisis et de ceux qui pourraient l'être.

BIOGRAPHIE (petite) DES DÉPUTÉS, par Raban.

Cour royale de Paris, 6 mars 1827.

L'arrêt a ordonné la destruction des exemplaires saisis.

BIOGRAPHIE PITTORESQUE (nouvelle) DES DÉPUTÉS DE LA CHAMBRE SEPTENNALE, par Lagarde.

Cour royale de Paris, 28 novemb. 1826

L'arrêt a ordonné la destruction de exemplaires saisis ou qui pourraient l'être

BIOGRAPHIE (petite) DES GENS DE LET-TRES VIVANS.

Articles *Fiebvé*, *Virginie de Senancourt* et *Armand Gouffé.*

Tribunal de première iustance de la Seine, 22 août 1826.

Jugement inséré au *Moniteur* du 7 nov. 1826. (Voy. pag. 57.)

Le tribunal a ordonné la destruction des exemplaires saisis.

BIOGRAPHIE DES MÉDECINS, par Morel.

Tribunal de première instance de la Seine, 17 octobre 1826.

Le jugement a ordonné la destruction de l'ouvrage.

BIOGRAPHIE DES IMPRIMEURS ET LI-BRAIRES, par Imbert.

Cour royale de Paris, 28 avril 1827.

Destruction des exemplaires saisis ou qui pourraient l'être.

BIOGRAPHIE PITTORESQUE DES PAIRS DE FRANCE, par Montgalve.

Cour royale de Paris, 28 nov. 1826.

L'arrêt a ordonné la destruction des exemplaires saisis ou qui pourraient l'être.

BIOGRAPHIE (petite) DES PAIRS, par Raban, un vol. in-32.

Cour royale de Paris, 12 déc. 1826.

La cour a ordonné la destruction des exemplaires saisis et de ceux qui pourraient l'être.

BIOGRAPHIE DES PRÉFETS, par Delamotte-Langon.

Cour royale de Paris, 21 avril 1827.

Destruction ordonnée, du consentement des prévenus, qui ont été acquittés.

BONAPARTIANA (le) de 1815.

Tribunal de première instance de la Seine, 20 mars 1816.

Le jugement a ordonné la destruction de l'ouvrage.

BON DIEU (le), chanson de Bérenger.

Cour d'assises de Paris, 8 déc. 1821

Arrêt inséré au *Moniteur* du 17 mars 1822. (Voy. pag. 8 et 9.)

Cour royale de Paris, 16 nov. 1822.

Arrêt inséré au *Moniteur* du 26 mars 1825. (Voy. pag. 20-36.)

Tribunal de première instance de la Seine, 31 mai 1826.

Jugement inséré au *Moniteur* du 6 août 1826. (Voy. pag. 52.)

Ces arrêts et jugemens ont ordonné la

destruction des exemplaires saisis et qui pourraient l'être.

Bon sens (le) du curé Meslier.
Tribunal de première instance de la seine, 20 août 1824.

Le tribunal a ordonné la destruction de l'ouvrage.

C

Canonade (la), *ou Histoire du mal de Naples*, par Linguet.
Cour royale de Paris, 16 nov. 1822.
Arrêt inséré au *Moniteur* du 26 mars 1825. (Voy. p. 36.)
La cour a ordonné la destruction de l'ouvrage, du consentement du prévenu, qui a été acquitté.

Cantate en douze chants sur l'appui des braves, par Perrint.
Cour royale de Paris, 22 mars 1823.
L'arrêt a ordonné la destruction de l'écrit.
Moniteur du 26 mars 1825. (V. p. 45.)

Capucins (les), ou *le Secret du cabinet noir*.

Cour royale de Paris, 21 déc. 1822.

La cour a ordonné la destruction de l'ouvrage.

Capucins (les), chanson de Bérenger.

Cour d'assises de Paris, 8 déc. 1821.

Arrêt inséré au *Moniteur* du 17 mars 1822. (Voy. pag. 8 et 9.)

Cour royale de Paris, 16 nov. 1822.

Arrêt inséré au *Moniteur* du 26 mars 1825. (Voy. pag. 20-36.)

Tribunal de première instance de la Seine, 31 mai 1826.

Jugement inséré au *Moniteur* du 6 août 1826. (Voy. pag. 52.)

Ces arrêts et ce jugement ont ordonné la destruction des exemplaires saisis ou qui pourraient l'être.

Cardinal (le) et le Capucin.

Article inséré dans le journal intitulé *le Nain*.

Cour royale de Paris, 23 juin 1825.

Arrêt inséré au *Moniteur* du 30 nov. 1825. (Voy. pag. 49.)

15

La cour a ordonné l'insertion de l'arrêt dans un des Numéros du journal intitulé *le Nain*. La saisie des Numéros 5, 7, 10, 11, 12 et 13 a été déclarée valable.

CARNOT, par Rioust.
Cour royale de Paris, 30 avril 1817.
L'arrêt ordonne la destruction dé l'écrit.

CENSEUR EUROPÉEN (le), IIIe volume, par Comte et Dunoyer.
Cour royale de Paris, 7 octob. 1817.
La cour a ordonné la destruction des exemplaires saisis.

CE QUE J'AIME ET CE QUE JE N'AIME PAS.
Article inséré dans le journal intitulé *le Sylphe*.
Cour royale d'Aix, 13 décemb. 1825.
Arrêt inséré au *Moniteur* du 2 février 1826. (Voy. pag. 50.)
La cour a ordonné la destruction des exemplaires saisis du Numéro 2 du journal.

CE QU'IL FAUT FAIRE, ou *ce qui nous menace*, ou *des élections*.
Cour d'assises de Paris, 10 nov. 1821.
L'arrêt a ordonné la destruction de l'écrit.

C'est du nanan, chanson de Debraux.
Cour royale de Paris, 29 mai 1823.
Arrêt inséré au *Moniteur* du 26 mars 1825. (V. p. 24.)
La cour a ordonné la destruction de cette chanson.

C'est le roi, le roi......, chanson de Bérenger.
Cour d'assises de Paris, 31 mars 1822.
Moniteur des 11 avril 1822 (V. p. 9.) et 26 mars 1825. (V. p. 20.)
Destruction ordonnée.

Chandelle (la) d'Arras, poëme en dix-huit chants.
Cour royale de Paris, 21 déc. 1822.
Arrêt inséré au *Moniteur* du 26 mars 1825. (V. p. 39.)
La cour a ordonné la destruction de l'ouvrage.

Chansonnier (le) de la table et du lit.
Tribunal de première instance de Vannes, 29 avril 1822.
Jugement inséré au *Moniteur* des 24 et 25 mai 1822. (V. p. 11.)
Le tribunal a ordonné la destruction des exemplaires saisis.

Chanson contenant une provocation à la désobéissance aux lois.

Cour d'assises de la Seine , 12 juin 1820.

Arrêt inséré au *Moniteur* du 1er août 1820. (V. p. 3.)

La cour a ordonné la destruction des exemplaires saisis et de ceux qui pourraient l'être.

Chansons de Bérenger :
Deo gratias.
Descente aux enfers.
Mon curé.
Les Capucins.
Les Chantres de paroisse.
Les Missionnaires.
Le Bon Dieu.
Le Roi Christophe (3e couplet).

Cour d'assises de Paris, 8 déc. 1821.

Arrêt inséré au *Moniteur* du 17 mars 1822. (V. p. 8 et 9.)

Cour royale de Paris , 16 nov. 1822.

Arrêt inséré au *Moniteur* du 26 mars 1825. (V. p. 20.)

Tribunal de première instance de la Seine, 31 mai 1826.

Jugement inséré au *Moniteur* du 6 août 1826. (V. p. 52.)

Ces arrêts et ce jugement ont ordonné la destruction des exemplaires saisis et de tous ceux qui pourraient l'être.

CHANSONS DE BÉRENGER, supplément.

Le Cri de la France, commençant par ces mots : *Plus de B.......*, et finissant par ceux-ci : *Plus de B.......*

C'est le roi, le roi.

Peuple français, finissant par ces mots : *Ne tremblent pas devant des émigrés.*

Cour d'assises de Paris, 31 mars 1822.

Arrêt inséré au *Moniteur* des 11 avril 1822 (V. p. 9.) et 26 mars 1825. (V. p. 20.)

L'arrêt a ordonné la destruction des exemplaires saisis et de tous ceux qui pourraient l'être.

CHANSONS DE DEBRAUX :

C'est du nanan.

La belle Main.

Lisa.

Mon Cousin Jacques.

Cour royale de Paris, 29 mai 1823.

Moniteur du 26 mars 1825. (V. p. 24.)

L'arrêt a ordonné la suppression des quatre chansons.

CHANSONS DE PIRON, COLLÉ ET GALLET.

Cour royale de Paris, 21 déc. 1822.

La cour a ordonné la destruction de ce recueil.

CHANSONS JOYEUSES.

Tribunal de première instance de Vannes, 29 avril 1822.

Jugement inséré au *Moniteur* des 24 et 25 mai 1822. (V. p. 11.)

Le tribunal a ordonné la destruction des exemplaires saisis.

CHANT PATRIOTIQUE.

Cour d'assises de Paris, 12 juin 1820.

Moniteur du 1er août 1820. (V. p. 3.)

Destruction des exemplaires saisis et de ceux qui pourront l'être ultérieurement.

CHANTRES (les) DE PAROISSE, chanson de Béranger.

Cour d'assises de Paris, 8 déc. 1821.

Monit. du 17 mars 1822. (V. p. 8 et 9.)

Cour royale de Paris, 16 nov. 1822.

Monit. du 26 mars 1825. (V. p. 20-36.)

Tribunal de première instance de la Seine, 31 mai 1826.

Moniteur du 6 août 1826. (V. p. 52.)

Ces arrêts et ce jugement ont ordonné la destruction dès exemplaires saisis ou qui pourraient l'être.

CHAT CHÉRI (le), gravure obscène.
Cour d'assises de Paris, 14 janv. 1822.

CHIFFON (le), chanson de Pradel.
Cour royale de Paris, 11 juillet 1822.
Moniteur des 26 juillet 1822 (V. p. 12.) et 26 mars 1825. (V. p. 22.)
Cour royale de Paris, 16 nov. 1822.
Moniteur du 26 mars 1825. (V. p. 36.)
Ces deux arrêts ont ordonné la destruction.

CITATEUR (le), par Pigault Lebrun. Traduction espagnole.
Cour royale de Paris, 26 février 1827.
L'arrêt a ordonné la destruction de l'ouvrage, du consentement des prévenus, qui ont été acquittés.

CONCORDAT (le) EXPLIQUÉ AU ROI PAR L'ABBÉ VINSON.
Cour royale de Paris, 28 nov. 1816.
La cour a ordonné la destruction de l'écrit.

Confessions (les) de Clémentine.
Cour royale de Paris, 16 nov. 1822.
Moniteur du 26 mars 1825. (V. p. 36.)
L'arrêt a ordonné la destruction de
l'ouvrage, du consentement du prévenu,
qui a été acquitté.

Contes érotiques et poésies de Grécourt.
Cour royale de Paris, 16 nov. 1822.
Moniteur du 26 mars 1825. (V. p. 36.)
L'arrêt a ordonné la destruction du recueil, du consentement du prévenu, qui
a été acquitté.

Correspondance administrative et
politique, 11ᵉ partie, par Fiévée.
Cour royale de Paris, 29 juin 1818.
L'arrêt a ordonné la suppression de
l'écrit.

Coteries (les), par Lagarde.
Cour royale de Paris, 21 nov. 1826.
L'arrêt a ordonné la destruction des
exemplaires saisis ou qui pourraient l'être.

Coup de vent (le), gravure obscène.
Tribunal de première instance de la
Seine, 7 mars 1823.
Destruction ordonnée.

Courrier des chambres (session de 1817), par de Saint-Aulaire (4ᵉ cahier).
Cour royale de Paris, 3 avril 1818.
L'arrêt a ordonné la destruction de l'écrit.

Courrier (le petit) de Lucifer. (Journal.) Article intitulé : *Diable rose*, par Ducange.
Cour royale de Paris, 23 nov. 1822.
Moniteur du 17 déc. 1822. (V. p. 15.)

Cousin Jacques (mon), chanson de Debraux.
Cour royale de Paris, 29 mai 1323.
Moniteur du 26 mars 1825. (V. p. 24.)
L'arrêt a ordonné la suppression de cette chanson.

Cousin Mathieu, par Raban.
Tribunal de première instance de la Seine, 19 octobre 1824.
Moniteur du 9 oct. 1825. (V. p. 49.)
L'arrêt a ordonné la destruction de l'ouvrage.

Cri (le) de la France, par Grand.
Cour d'assises de Paris, 11 oct. 1821.

Cri (le) de la France, chanson de Bé-renger.

Cour d'assises de Paris, 31 mars 1822.
Moniteur des 11 avril 1823 (V. p. 9.)
et 26 mars 1825. (V. p. 20.)
Destruction ordonnée.

CRI (le) DE LA NATION, par Crevel.
Cour royale de Paris, 2 mai 1818.
L'arrêt a ordonné la destruction de l'é-
crit.

CRI (le) DES PEUPLES, par Crevel.
Cour royale de Paris, 2 mai 1818.
L'arrêt a ordonné la suppression de l'é-
crit.

CROYANCES DIVERSES.
Article inséré dans le journal intitulé :
le Nain.
Cour royale de Paris, 23 juin 1825.
Moniteur du 30 nov. 1825. (V. p. 49.)
La cour a déclaré bonne et valable la
saisie des n. 5, 7, 10, 11, 12 et 13 du
journal intitulé : *le Nain*, et ordonné l'insertion de l'arrêt dans un des numéros du
mois suivant.

CURÉ (le) CAPITAINE, par Raban.
Tribunal de première instance de la
Seine, 19 octobre 1824.
Moniteur du 9 oct. 1825. (V. p. 49.)

Le tribunal a ordonné la destruction de cet ouvrage.

Curé (mon), chanson de Béranger.
Cour d'assises de Paris, 8 déc. 1821.
Monit. du 17 mars 1822. (V. p. 8 et 9.)
Cour royale de Páris, 16 nov. 1822.
Monit. du 26 mars 1825. (V. p. 20-36.)
Tribunal de première instance de la Seine, 31 mai 1826.
Moniteur du 6 août 1826. (V. p. 52.)
Ces arrêts et ce jugement ont ordonné la destruction de tous les exemplaires saisis ou qui pourraient l'être.

D

Délices de la jouissance, ou *l'Enfant du plaisir*. Un vol. in-18.
Cour royale de Paris, chambre des mises en accusation, 28 juin 1825.

Deo gratias, chanson de Béranger.
Cour d'assises de Paris, 8 décembre 1821.
Monit. du 17 mars 1822. (V. p. 8 et 9.)
Cour royale de Paris, 16 nov. 1822.
Monit. du 26 mars 1825. (V. p. 20-36.)

Tribunal de première instance de la Seine, 31 mai 1826.

Moniteur du 6 août 1826. (V. p. 52.)

Ces arrêts et ce jugement ordonnent la destruction des exemplaires saisis, et de tous ceux qui pourraient l'être ultérieurement.

DESCENTE AUX ENFERS , chanson de Bérenger.

Cour d'assises de Paris, 8 déc. 1821.

Monit. du 17 mars 1822. (V. p. 8 et 9.)

Cour royale de Paris, 16 nov. 1822.

Monit. du 26 mars 1825. (V. p. 20-36.)

Tribunal de première instance de la Seine, 31 mai 1826.

Moniteur du 6 août 1826. (V. p. 52.)

Ces arrêts et ce jugement ordonnent la destruction des exemplaires saisis et de tous ceux qui pourraient l'être ultérieure-ment.

DESPOTISME (le) EN ÉTAT DE SIÉGE, ou *la Royauté sans prestige*, par de Beaufort.

Cour d'assises de Paris, 7 nov. 1820.

L'arrêt a ordonné la destruction de l'écrit.

DESCRIPTION TOPOGRAPHIQUE (*à bon entendeur salut*).

Cour royale de Paris, 16 nov. 1822.

Moniteur du 26 mars 1825. (V. p. 36.)

L'arrêt a ordonné la destruction de l'ouvrage, du consentement du prévenu, qui a été acquitté.

DIABLE AU CORPS (le), 6 vol. in–18, par l'auteur de *Félicia* et de *Monrose*.

Cour royale de Paris, chambre des mises en accusation.

Arrêt du 19 septembre 1826, qui déclare n'y avoir lieu à suivre contre le libraire inculpé, et qui néanmoins ordonne la destruction de l'ouvrage.

DIABLE ROSE (le), journal.

Cour royale de Paris, 23 nov. 1822.

Moniteur du 17 décembre 1822. (Voy. pag. 15.)

DICTIONNAIRE ANECDOTIQUE DES NYMPHES DU PALAIS-ROYAL, par Lepage.

Le 15 décembre 1826, le tribunal de première instance de la Seine, en déclarant que le sujet était honteux, a pensé que l'ouvrage ne constituait pas un délit, et il a acquitté l'auteur, qui a consenti à la destruction.

Dictionnaire féodal, par Collin de Plancy.

Cour royale de Paris, 16 nov. 1822.

Moniteur du 26 mars 1825. (V. p. 36.)

L'arrêt a ordonné la destruction de l'ouvrage, du consentement du prévenu, qui a été acquitté.

Dictionnaire ministériel (petit), par Magallon.

Cour royale de Paris, 5 et 12 décemb. 1826.

L'arrêt du 5 décembre a ordonné la destruction des exemplaires saisis ou qui pourraient l'être.

Divinités génératrices (des), ou *du Culte de Phalus chez les anciens et chez les modernes*, par Dulaure. Un vol. in- 8°.

Ce volume est le deuxième de l'ouvrage intitulé : *Abrégé des différens cultes.*

Tribunal de première instance de la Seine, 27 oct. 1826.

Le jugement a ordonné la destruction des exemplaires saisis.

Douze Césars, avec gravures (Monumens de la vie privée des).

Cour royale de Paris, chambre des mises en accusation.

Arrêt du 19 septembre 1826, qui déclare n'y avoir lieu à suivre contre le libraire inculpé, et qui néanmoins ordonne la destruction de l'ouvrage.

E

Education de Laure, ou *le Rideau levé*.

Cour royale de Paris, 19 mai 1815.

Cet arrêt ordonne la destruction de l'ouvrage.

Egide contre le mal de Vénus, par Morel.

Tribunal de première instance de la Seine, 10 janvier 1827.

Le jugement ordonne la destruction de l'ouvrage.

Electeurs (aux) des arrondissemens de Loches et de Chinon.

Excitation à la haine contre les nobles.

Cour royale d'Orléans, 7 août 1822.

Moniteur du 28 septembre 1822. (Voy. pag. 13.)

Élections (des) : ce qu'il faut faire, ou ce qui nous menace.

Cour d'assises de Paris, 10 nov. 1821.

L'arrêt a ordonné la destruction de l'écrit.

Embarras du choix (l'), gravure obscène.

Cour d'assises de Paris, 14 janv. 1822.

Enfant (l') du bordel, 2 vol. in-18, avec figures.

Cour royale de Paris, chambre des mises en accusation, 28 juin 1825.

Enfant (l') du carnaval, par Pigault-Lebrun.

Tribunal de première instance de la Seine, 25 juin 1825.

Moniteur du 6 septembre 1825. (Voy. pag. 48.)

Le jugement ordonne la destruction des exemplaires saisis.

Le même, traduit en espagnol.

Cour royale de Paris, 26 février 1827.

Destruction ordonnée du consentement des prévenus, qui ont été acquittés.

Enfant (le nouvel) de la goguette, par Debraux.

Cour royale de Paris, 29 mai 1823.
Moniteur du 26 mars 1825. (V. p. 24.)
L'arrêt ordonne la destruction des quatre chansons de ce recueil intitulées :
C'est du Nanan.
La belle Main.
Lisa.
Mon cousin Jacques.

ENFANT DU PLAISIR (l'), ou *les Délices de la jouissance*, 1 vol. in-18.
Cour royale de Paris, chambre des mises en accusation, 28 juin 1825.

ENFANT DU RÉGIMENT (gravure).
Tribunal de première instance de la Seine, 30 juin 1818.
Le jugement ordonne la destruction de la gravure.

ENGLISH SOCIETY IN BRUSSELS DESCRIBED, par Henri Crondaele Wilson.
Cour royale de Douai, 22 juin 1826.
Moniteur du 16 mai 1827. (V. p. 61.)
L'arrêt a ordonné la destruction de l'écrit.

EPÎTRE A MON CURÉ, par Lagarde.
Cour royale de Paris, 13 mai 1823.
Moniteur du 26 mars 1825. (V. p. 34.)

Epître a M. N. L. Lemercier, par Lesgúillon.

Tribunal de première instance de la Seine, ı^{er} juillet ı8ª4.

Moniteur du 7 novembre ı8ª6. (Voy. pag. 55.)

Le jugement prononce la confiscation de l'écrit.

Epître aux amis des missionnaires, par Cahaigne.

Cour royale de Paris, 5 décemb. ı8ª6.

La destruction des exemplaires saisis ou qui pourraient l'être, a été ordonnée.

Epître a Voltaire, par M. J. Chenier.

Cour royale de Paris, ªı novembre ı8ª6.

L'arrêt a ordonné la destruction des exemplaires saisis ou de ceux qui pourraient l'être.

Errotica biblion, par Mirabeau.

Cour royale de Paris, chambre des mises en accusation, ı9 septembre ı8ª6.

La cour, en renvoyant l'inculpé des poursuites, a néanmoins ordonné la destruction de l'ouvrage.

ETAT DE LA LIBERTÉ EN FRANCE, par Scheffer.

Cour royale de Paris, 30 mars 1818.

La cour a ordonné la suppression de l'écrit.

ETINCELLES (les), recueil de chansons, par Pradel.

L'Orphelin royal.

Le Chiffon.

Les Prémices de Javotte.

L'Anguille.

Les Missionnaires en goguette.

Cour royale de Paris, 11 juillet 1822.

Moniteur des 26 juillet 1822 (Voy. pag. 12.) et 26 mars 1825. (Voy. pag. 22.)

Cour royale de Paris, 16 nov. 1822.

Moniteur du 26 mars 1825. (V. p. 36.)

Ces deux arrêts ont ordonné la destruction des exemplaires.

ETRENNES AUX AMATEURS DE VÉNUS.

Cour royale de Paris, 19 mai 1815.

L'arrêt a ordonné la destruction de l'ouvrage.

ETUDES LÉGISLATIVES, par Bonnin.

Cour royale de Paris, 7 nov. 1822.

Moniteur des 17 décembre 1822 (Voy. pag. 15.) et 26 mars 1825. (V. p. 21.)

Evangile (l'), partie morale et historique, Touquet, éditeur.

Cour royale de Paris, 26 déc. 1826.

L'arrêt a ordonné la destruction des exemplaires saisis ou de ceux qui pourraient l'être.

Extases de l'amour, un volume de gravures.

Tribunal de première instance de la Seine, 7 mars 1823.

Tribunal de première instance de la Seine, 25 février 1825.

Moniteur du 7 novembre 1826. (Voy. pag. 59.)

Destruction ordonnée.

Extrait de l'almanach royal pour 1830, par Magallon.

Article inséré dans *l'Album*.

Cour royale de Paris, 15 mars 1823.

Moniteur du 2 avril 1823. (V. p. 18.)

F

Faublas (le chevalier de), par Louvet.

Tribunal de première instance de Vannes, 29 avril 1822.

Moniteur des 24 et 25 mai 1822 (Voy. pag. 11.)

Ce jugement ordonne la destruction des exemplaires saisis.

Tribunal de première instance de la Seine, 16 décembre 1825.

Moniteur du 9 février 1826. (Voy. pag. 51.)

Ce jugement ordonne la destruction de tous les exemplaires du même ouvrage, qui ont été saisis ou qui pourront l'être ultérieurement.

Tribunal de première instance de la Seine, 24 novembre 1826.

Le détenteur de l'ouvrage a été acquitté. Le tribunal a ordonné la destruction des exemplaires saisis.

Cour royale de Paris, 19 juin 1827.

L'arrêt a ordonné la destruction des exemplaires saisis et de ceux qui pourraient l'être par la suite.

Félicia, ou *mes Fredaines*, par l'au‑
teur du *Diable au corps*, quatre vol.

Cour royale de Paris, 21 déc. 1822.

Moniteur du 26 mars 1825. (Voyez
pag. 39.)

L'arrêt a ordonné la destruction de
l'ouvrage.

Femme jésuite (la), histoire véritable
écrite par une victime du jésuitisme.

Cour royale de Paris, 21 avril 1827.

Destruction des exemplaires saisis et de
ceux qui pourraient l'être.

Fille (la) de joie, 2 vol.

Cour d'assises de Paris, 29 déc. 1821.

Cour royale de Paris, 16 nov. 1822.

Moniteur du 26 mars 1825. (Voyez
page 36.)

Tribunal de première instance de la
Seine, 7 mars 1823.

Tribunal de première instance de la
Seine, 25 février 1825.

Moniteur du 7 novembre 1826. (Voy.
pag. 59.)

Ces deux arrêts et ce jugement ont or‑
donné la destruction de l'ouvrage.

F....manie (la), poëme en six chants.

Cour royale de Paris, 19 mai 1815.

L'arrêt a ordonné la destruction de l'ouvrage.

FREDAINES (mes), ou *Félicia*, 4 vol.
Cour royale de Paris, 21 déc. 1822.
Moniteur du 26 mars 1825. (Voyez page 39.)
L'arrêt a ordonné la destruction de l'ouvrage.

FURET (le), pamphlet séditieux.
Cour royale de Paris, 2 avril 1818.
L'arrêt a ordonné la destruction de l'écrit.

G

GAUDRIOLLES (les petites), 1 vol.
Tribunal de première instance de Vannes, 29 avril 1822.
Moniteur des 24 et 25 mai 1822. (Voy. pag. 11.)
Le jugement a ordonné la destruction des exemplaires saisis.

GRAVURE REPRÉSENTANT LA SÉANCE DU 4 MARS 1823, DE LA CHAMBRE DES DÉPUTÉS.
Cour royale de Paris, 26 août 1823.

L'arrêt a ordonné la destruction de la gravure.

GUERRE DES DIEUX (la), par Parny.
Cour d'assises de Paris, 29 décembre 1821.

Cet arrêt a ordonné la destruction des exemplaires saisis.

Tribunal de première instance de la Seine, 31 mai 1826.

Moniteur du 6 août 1826. (Voyez pag. 52.)

Le tribunal a ordonné la destruction des exemplaires saisis et de ceux qui pourraient l'être ultérieurement.

Cour royale de Paris, 19 juin 1827.

L'arrêt a ordonné la destruction des exemplaires saisis et de tous ceux qui pourraient l'être.

H

HISTOIRE ABRÉGÉE DES DIFFÉRENS CULTES, formant le IIe vol. de l'ouvrage intitulé : *des Divinités génératrices.*
Tribunal de première instance de la Seine, 27 octobre 1826.

Le tribunal a ordonné la destruction de ce volume.

HISTOIRE DE BONAPARTE, depuis sa naissance jusqu'à sa dernière abdication, contenant le détail des faits mémorables qui ont illustré les Français sous son règne, par Collot, avec cette épigraphe : *Impartialité*. Écrit séditieux.
Vauquelin, éditeur.
Cour royale de Paris, 20 février 1816.

HISTOIRE DES CENT JOURS, ou *Dernier règne de l'empereur Napoléon.*
Lettres écrites de Paris depuis le 8 avr. 1815 jusqu'au 20 juillet.
Traduites de l'angl. de Hobhouse, par Regnault-Warin.
Cour d'assises de Paris, 25 nov. 1819.
Moniteur du 23 juin 1820. (V. p. 1.)
L'arrêt a ordonné la destruction des exemplaires saisis ou de ceux qui pourraient l'être.

HISTOIRE DE LA PREMIÈRE QUINZAINE DE JUIN 1820, par Bousquet-Deschamps.
Cour d'assises de Paris, 26 juill. 1820.
L'arrêt a ordonné la destruction de l'écrit.

Histoire des Missionnaires, suivie d'un écrit ayant pour titre : *les Missionnaires*, poëme héroï-comique, par Guyon.

Cour d'assises de Paris, 27 juin 1820.

Moniteur du 20 août 1820. (V. p. 6.)

Cour d'assises de Draguignan, 18 août 1820.

Moniteur du 7 sept. 1820. (V. p. 8.)

L'arrêt du 27 juin a ordonné la destruction des exemplaires saisis ou qui pourraient l'être de l'écrit ayant pour titre : *les Missionnaires.*

Histoire philosophique du mal de Naples, ou *la Canonade.*

Cour royale de Paris, 16 nov. 1822.

Moniteur du 26 mars 1825. (Voyez page 36.)

L'arrêt a ordonné la destruction de l'ouvrage, du consentement du prévenu, qui a été acquitté.

Histoire véritable de Tchen-Cheouli, mandarin lettré, par Barginet.

Cour royale de Paris, 19 août 1822.

Monit. du 26 mars 1825. (V. p. 35.)

L'arrêt a ordonné la destruction des exemplaires saisis et de ceux qui pourraient l'être.

Tribunal de première instance de la Seine, 26 novembre 1825.

Destruction ordonnée.

HOMME GRIS (l'), petite chronique, par Ferret.

6e, 7e et 8e numéros du Ier volume.

Cour royale de Paris, 27 juillet 1818.

L'arrêt a ordonné la destruction de ces numéros.

Numéros 3, 4, 5 et 6 du IIe volume, par Creton.

Cour royale de Paris, 19 août 1822.

Destruction ordonnée de ces numéros.

HUIT ANNÉES DU RÈGNE DE NAPOLÉON. 4 volumes.

Cour d'assises de la Gironde, 2 sept. 1822.

Moniteur du 28 fév. 1823. (V. p. 16.)

L'arrêt a ordonné la destruction des deux exemplaires saisis.

I

IL N'EST PAS MORT! par un ami de la patrie.

Cour d'assises de Paris, 15 nov. 1821.

Incrédule (l'), ou *les Deux Tartufes*, par Raban.

Cour royale de Paris, 14 mars 1825.

Moniteur du 26 mars 1825. (V. p. 27.)

L'arrêt a ordonné la destruction des exemplaires saisis ou qui pourraient l'être ultérieurement.

Indiscret (l'), gravure obscène.

Cour d'assises de Paris, 14 janv. 1822.

Intrigue dans les tribunaux, par Pinet.

Tribunal de première instance de la Seine, 15 juillet 1824.

Moniteur du 7 nov. 1826. (V. p. 56.)

L'arrêt a ordonné la destruction de l'ouvrage.

J

Jacques le fataliste et son maitre, par Diderot.

Tribunal de première instance de la Seine, 31 mai 1826.

Moniteur du 6 août 1826. (V. p. 52.)

Le jugement a ordonné la destruction des exemplaires saisis, et de tous ceux qui pourraient l'être ultérieurement.

Jeu (le petit) de société, gravure sé-
ditieuse.
Tribunal de première instance de la
Seine, 18 mai 1819.

Joujou (le) des demoiselles.
Cour royale de Paris, 19 mai 1815.
L'arrêt a ordonné la destruction.

Justine, ou *les Malheurs de la vertu.*
4 volumes.
Cour royale de Paris, 19 mai 1815.
L'arrêt a ordonné la destruction de
l'ouvrage.

L

La belle Main, chanson de Debraux.
Cour royale de Paris, 29 mai 1823.
Monit. du 26 mars 1825. (V. p. 24.)
L'arrêt a ordonné la destruction.

Lanterne magique, gravure.
Tribunal de première instance de la
Seine, 25 février 1825.
Moniteur du 7 nov. 1826. (V. pag. 59.)
Destruction ordonnée.

Lettre a M. Carrère, par M. Benjamin Constant.

Tribunal de première instance de la Seine, 28 nov. 1822.

Destruction ordonnée.

LETTTRE A M. DECAZES, ministre de la police générale, par Chevalier.

Cour royale de Paris, 17 juin 1817.

L'arrêt a ordonné la destruction de l'écrit.

LETTRE A M. D'HERMOPOLIS, par M l'abbé de La Mennais (insérée dans le *Drapeau blanc* du 22 août 1823).

Cour royale de Paris, 11 déc. 1823.

Le jugement de première instance et l'arrêt ont ordonné l'insertion des motifs et du dispositif de la condamnation dans le *Drapeau blanc* dans le délai d'un mois.

LETTRES A M. GRÉGOIRE, ancien évêque de Blois.

Cour d'assises de Paris, 29 déc. 1820.

L'arrêt a ordonné la suppression de l'écrit.

LETTRES NORMANDES.

Lettre relative au service funèbre du 21 janvier. Provocation à la désobéissance à la loi portant que ce jour sera férié.

Cour d'assises de Paris, 17 mars 1820.

Lettre au procureur-général de Poitiers, par Benjamin Constant.

Cour royale de Paris, 6 février 1823.

L'arrêt a ordonné la destruction.

Lettres provinciales (nouvelles), par d'Erbigny.

Cour royale de Paris, 20 juin 1826.

Moniteur du 7 nov. 1826. (V. p. 58.)

L'arrêt a ordonné la destruction des exemplaires saisis et de ceux qui pourraient l'être.

Lettres sur quelques particularités secrètes de l'histoire pendant l'interrègne des Bourbons, par Barruel de Beauvert.

Tribunal de première instance de la Seine, 13 août 1816.

Le jugement ordonne la destruction de l'écrit.

Lettre de Satan aux francs-maçons.

Tribunal de première instance de la Seine, 22 février 1826.

Le jugement a ordonné la destruction l'écrit.

Liberté (état de la), par Scheffer.

Cour royale de Paris, 30 mars 1818.

Destruction ordonnée.

LISA, chanson de Debraux.
Cour royale de Paris, 29 mai 1823.
Moniteur du 26 mars 1825. (V. p. 24.)
L'arrêt a ordonné la destruction.

LOIS DU MONDE PHYSIQUE ET DU MONDE MORAL, ou *Système de la nature.*
Cour royale de Paris , 29 mai 1823.
Moniteur du 26 mars 1825. (V. p. 23.)
L'arrêt a ordonné la destruction.

M

MALHEURS (les) DE LA VERTU, ou *Jus-tine.*
Cour royale de Paris, 19 mai 1815.
L'arrêt a ordonné la destruction.

MANDEMENT DE MM. LES VICAIRES-GÉNÉRAUX DE PARIS, chanson manus-crite.
Tribunal de première instance de la Seine, 22 mai 1817.
Suppression ordonnée.

MANUSCRIT DE SAINTE-HÉLÈNE , in–

séré dans le IIIe volume du *Censeur euro-*
péen.

Cour royale de Paris, 7 octob. 1817.
Cassation. Rejet, 20 novembre 1817.
Destruction ordonnée.

MARGOT LA RAVAUDEUSE, et ses aven-
tures galantes. 1 vol. in-18.
Cour royale de Paris, 19 mai 1815.
Cour royale de Paris, 16 nov. 1822.
Moniteur du 26 mars 1825. (V. p. 36.)
Ces deux arrêts ont ordonné la destruc-
tion de l'ouvrage.

MÉMOIRES DE SATURNIN, portier des
Chartreux.
Cour royale de Paris, 29 déc. 1821.
Cour royale de Paris, chambre des
mises en accusation, 28 juin 1825.
Destruction ordonnée.

MÉMOIRE JUSTIFICATIF DE FOURNIER
VERNEUIL, auteur de l'ouvrage intitulé :
Paris, tableau moral et philosophique.
Cour royale de Paris, 13 juin 1826.
Moniteur du 7 nov. 1826. (V. pag. 58.)
L'arrêt a ordonné la destruction du
mémoire.

Mémoires sur la vie et les ouvrages de Diderot, par Naigeon.

Tribunal de première instance de la Seine, 23 décembre 1823.

Moniteur du 7 nov. 1826. (V. pag. 54.)

Le jugement a ordonné la destruction des exemplaires saisis.

Tribunal de première instance de la Seine, 25 novembre 1824.

Destruction ordonnée.

Mémoires de la cour de Louis XIV.

Cour royale de Paris, 26 juin 1823.

Moniteur du 26 mars 1825. (V. p. 44.)

L'arrêt a ordonné la destruction des exemplaires saisis et de ceux qui pourraient l'être.

Mémoires pour servir a l'histoire de France.

Cour royale de Paris, 16 nov. 1822.

Moniteur du 26 mars 1825. (V. p. 36.)

L'arrêt a ordonné la destruction de l'écrit, du consentement du prévenu, qui a été acquitté.

Mercure (48e livraison).

Cour royale de Paris, 25 novemb. 1814.

L'arrêt a ordonné la destruction.

Meursius français, avec figures.
Cour d'assises de Paris, 29 déc. 1821.
Tribunal de première instance de la Seine, 6 juin 1822.
Moniteur du 7 nov. 1826. (V. p. 53.)
Cour royale de Paris, 9 août 1822.
Tribunal de première instance de la Seine, 25 février 1825.
Moniteur du 7 nov. 1826. (V. pag. 59.)
Destruction ordonnée.

Missionide (la), Cahaigne, auteur.
Cour royale de Paris, 5 déc. 1826.
Destruction des exemplaires saisis ou qui pourraient l'être.

Missionnaires (les), poëme héroï-comique.
Cour d'assises de Paris, 27 juin 1820.
Moniteur du 20 août 1820. (V. p. 6.)
Cour d'assises de Draguignan, 18 août 1820.
Moniteur du 7 sept. 1820. (V. p. 8.)
Destruction des exemplaires saisis ainsi que de ceux qui pourraient l'être.

Missionnaires (les), chanson de Bé-renger.
Cour d'assises de Paris, 8 déc. 1821.

Moniteur du 17 mars 1822. (V. p. 18.)
Cour royale de Paris, 16 nov. 1822.
Moniteur du 26 mars 1825. (V. p. 36.)
Tribunal de première instance de la Seine, 31 mai 1826.
Moniteur du 6 août 1826. (V. p. 52.)
Ces arrêts et ce jugement ont ordonné la destruction des exemplaires saisis et de tous ceux qui pourraient l'être.

MISSIONNAIRES (les) EN GOGUETTE, chanson de Pradel.
Cour royale de Paris, 11 juillet 1822.
Moniteur des 26 juillet 1822 (V. p. 12.) et 26 mars 1825. (V. p. 22.)
Cour royale de Paris, 16 nov. 1822.
Moniteur du 26 mars 1825. (V. p. 36.)
Destruction ordonnée.

MŒURS FRANÇAISES, ou *l'Académie des dames*, avec figures.
Cour royale de Paris, 16 nov. 1822.
Moniteur du 26 mars 1825. (V. p. 36.)
Destruction ordonnée, du consentement du prévenu, qui a été acquitté.

MOINES (les trois).
Cour royale de Paris, 21 déc. 1822.

Moniteur du 26 mars 1825. (V. p. 3g.)
Cet arrêt a ordonné la destruction.

Momus redivivus, avec figures.
Cour royale de Paris, 16 nov. 1822.
Moniteur du 26 mars 1825. (V. p. 36.)
L'arrêt a ordonné la destruction de l'ouvrage, du consentement du prévenu, qui a été acquitté.

Moniteur (extraits du), par Auguis.
Cour royale de Paris, 28 déc. 1814.

Monumens de la vie privée des douze Césars, avec gravures.
Cour royale de Paris, chambre des mises en accusation, 19 sept. 1826.
Destruction ordonnée, du consentement du prévenu, à l'égard duquel il a été déclaré n'y avoir lieu à suivre.

Monumens du culte secret des dames romaines, avec gravures.
Cour royale de Paris, 19 mai 1815.
Destruction ordonnée.
Cour royale de Paris, chambre des mises en accusation, 19 sept. 1826.
Destruction ordonnée, du consentement du prévenu, qui a été renvoyé des poursuites.

N

Nain tricolore (le).
Cour d'assises de Paris, 11 juin 1816.

Nain (le), journal.
Numéros 5, 7, 10, 11, 12 et 13.
Le Cardinal et le Capucin.
Croyances diverses.
Cour royale de Paris, 23 juin 1825.
Moniteur du 30 novembre 1825. (Voy.
p. 49.)
La cour a déclaré bonne et valable la
saisie des numéros, et ordonné l'insertion
de l'arrêt dans l'un des numéros du mois
suivant.

National (journal).
Numéro 5, juillet 1823.
Tribunal de première instance de la
Seine, 7 octobre 1823.
Destruction ordonnée.
Numéros 1, 2 et 3, par Bertrand-La-
mothe.
Tribunal de première instance de la
Seine, 9 octobre 1823.
Destruction ordonnée.

NOUVEL ENFANT DE LA GOGUETTE (le), par Debraux.

Cour royale de Paris, 29 mai 1823. *Moniteur* du 26 mars 1825. (V. p. 24.) Destruction ordonnée.

O

ODES ET STANCES SUR LA MORT DE LALLEMAND, par Roch.

Cour d'assises de Paris, 14 décembre 1822.

Destruction ordonnée.

OPUSCULES, par Cauchois Lemaire. Cour d'assises de Paris, 31 août 1821.

ORACLE (l'), ci-devant l'ULTRA, journal.

6ᵉ, 7ᵉ et 8ᵉ livraisons. Diffamation de T......

Cour royale de Paris, 17 juill. 1819.

ORDRE DU JOUR (nouvel), chanson de Bérenger.

Tribunal de première instance de la Seine, 20 août 1824.

Destruction ordonnée.

ORIGINE DES CULTES (abrégé de l'').
Cour royale de Paris, 26 juin 1823.
Moniteur du 26 mars 1825. (Voy. pag.
43.)
Tribunal de première instance de la
Seine, 31 mai 1826.
Moniteur du 6 août 1826. (Voy. pag.
52.)
Cet arrêt et ce jugement ont ordonné la
destruction des exemplaires saisis et de
tous ceux qui pourraient l'être ultérieurement, quel que fût le format.
Deux autres jugemens, en date du 24
novembre 1826, rendus par le tribunal
de première instance de la Seine, ont
aussi ordonné la destruction d'exemplaires
saisis.

ORIGINE DES PUCES, ou *les Pucelages
conquis.*
Cour royale de Paris, 19 mai 1815.
Destruction ordonnée.

ORMIN ET AZÉMA.
Cour royale de Paris, 16 novembre
1822.
Moniteur du 26 mars 1825. (Voy. pag.
36.)

Destruction ordonnée du consentement du prévenu, qui a été acquitté.

ORPHÉLIN (l') ROYAL, chanson de Pradel.
Cour royale de Paris, 11 juillet 1822.
Moniteur des 26 juillet 1822 (V. p. 12.) et 26 mars 1825. (V. p. 22.)
Cour royale de Paris, 16 nov. 1822.
Moniteur du 26 mars 1825. (V. p. 36.)
Destruction ordonnée.

P

PARAPLUIE (le) PATRIMONIAL, par Gallois.
Cour royale de Paris, 11 novembre 1822.
Moniteur des 17 décembre 1822 (Voy. pag. 13.) et 26 mars 1825. (V. p. 25.)

PARCHEMINS (les) ET LA LIVRÉE.
Tribunal de première instance de la Seine, 30 juin 1825.
Moniteur du 20 septembre 1825. (Voy. pag. 48.)
Saisie et destruction de l'ouvrage.

Paris, tableau moral et philosophique, par Fournier Verneuil.

Cour royale de Paris, 13 juin 1826.

Moniteur du 7 novembre 1826. (Voy. pag. 58.)

L'arrêt a ordonné la destruction des exemplaires saisis et de ceux qui pourraient l'être.

La cour a ordonné aussi la destruction d'un mémoire justificatif distribué par le prévenu, et qui a été déclaré être la continuation du délit.

Pasteur d'Uzès (le), ou *Valentine*. 3 v.

Cour d'assises de Paris, 26 juin 1821.

Moniteur du 24 mars 1822. (V. p. 9.)

Destruction ordonnée des exemplaires saisis et de tous ceux qui pourraient l'être ultérieurement.

Paul-Louis Courrier.

Cour royale de Paris, 9 décemb. 1826.

Destruction de la collect. de ses pamphlets.

Père Michel (le), par Tartarin.

Tomes I, II et III.

Confiscation des exemplaires saisis.

Tribunal de première instance de la Seine, 6 juin 1818.

PERFIDIES ASSASSINES (les).
Cour royale de Paris, 21 déc. 1822.
L'arrêt a ordonné la destruction de l'écrit.

PETIT (le) LIVRE A QUINZE SOUS, ou *la Politique de poche*, à l'usage des gens qui ne sont pas riches, par le père Michel, devenu auteur sans le savoir. (Tartarin Poulet.) Tomes I, II et III.
Tribunal de première instance de la Seine, 6 juin 1818.
Destruction ordonnée.

PÉTITION AUX CHAMBRES, par Tandron.
Cour royale de Paris, 2 avril 1818.
Destruction ordonnée.

PÉTITION A LA CHAMBRE DES DÉPUTÉS. Demande d'une loi prévoyant la démission ou destitution du Roi.
Cour d'assises de Draguignan, 31 mai 1820.
Moniteur du 13 juill. 1820. (V. p. 2.)

PEUPLE FRANÇAIS....., chanson de Béranger.
Cour d'assises de Paris, 31 mars 1822.

Moniteur des 11 avril 1822 (V. p. 9.)
et 26 mars 1825. (V. p. 20.)
Destruction ordonnée.

PEUPLES (des) ET DES GOUVERNEMENS,
pensées extraites de Raynal.
Cour royale de Paris, 12 juin 1823.
Moniteur du 26 mars 1825. (V. p. 42.)
Destruction ordonnée.

PIE VI ET LOUIS XVIII.
Cour d'assises de Paris, 31 mars 1822.
Moniteur des 11 avril 1822 (V. p. 9.)
et 26 mars 1825. (V. p. 20.)
Destruction des exemplaires saisis et de
ceux qui pourraient l'être ultérieurement.

PIÈCES AUTHENTIQUES SUR LE CAPTIF DE
SAINTE-HÉLÈNE, par Barthélemy.
Tribunal de première instance de la
Seine, 4 mars 1823.
X^e volume. Article intitulé : *Napoléon
dans l'exil*, ou *l'Echo de Sainte-Hélène*.
Destruction ordonnée.
Tribunal de première instance de la
Seine, 23 décembre 1824.
VIe et VIIe volumes.

PIÈCES (deux) IMPORTANTES A JOINDRE.

AUX MÉMOIRES ET DOCUMENS HISTORIQUES SUR LA RÉVOLUTION FRANÇAISE.
Cour royale de Paris , 25 nov. 1824.
Moniteur du 26 mars 1825. (Voyez pag. 29.)

PIÈCES POLITIQUES. Outrages envers le roi de Portugal et du Brésil, par Bousquet-Deschamps.
Cour d'assises de Paris, 27 juill. 1820 et 13 avril 1821.
Destruction ordonnée.

POLITIQUE (la) DE POCHE, à l'usage des gens qui ne sont pas riches, ou *le petit Livre à quinze sous*, par le père Michel, devenu auteur sans le savoir.
Tribunal de première instance de la Seine, 6 juin 1817.
Tomes I, II et III. Destruction.

PORTIER DES CHARTREUX (mémoires de Saturnin).
Cour d'assises de Paris, 29 déc. 1821.
Cour royale de Paris, chambre des mises en accusation, 28 juin 1825.
Destruction ordonnée.

POUR LE PÈRE ET LE FILS PRIONS LE SAINT-ESPRIT, gravure.

Cour d'assises de Paris, 22 juin 1820.
Moniteur du 15 août 1820. (V. p. 5.)
Destruction des exemplaires saisis et de ceux qui pourraient l'être ultérieurement.

PRÉCIS DE L'HISTOIRE GÉNÉRALE DES JÉSUITES.

Tribunal de première instance de la seine, 22 août 1826.

L'auteur a été renvoyé, mais il a promis de supprimer le passage incriminé, qu'il avait extrait d'un ouvrage publié en 1726 par Hercule Rasiel de Selva.

PRÉMICES (les) DE JAVOTTE, chanson de Pradel.

Cour royale de Paris, 11 juillet 1822.
Moniteur des 26 juill. 1822 (V. p. 12.) et 26 mars 1825. (V. p. 22.)
Cour royale de Paris, 16 nov. 1822.
Moniteur du 26 mars 1825. (V. p. 36.)
Destruction ordonnée.

PRENONS-Y GARDE, par Pontignac de Villars.

Cour d'assises de Paris, 14 septembre 1820.
Destruction ordonnée.

Projet d'assurance mutuelle entre les auteurs, par Lenoir.
Cour royale de Paris, 6 mars 1827.
Destruction ordonnée des exemplaires saisis et de tous ceux qui pourraient l'être.

Protestation de la chambre des représentans des cent jours, suivie d'une provocation à la révolte.
Tribunal de première instance de la Seine, 20 août 1823.

Pucelages (les) conquis, ou *Origine des Puces*.
Cour royale de Paris, 19 mai 1815.
Destruction ordonnée.

Pucelle (la), avec gravures.
Cour royale de Paris, 21 déc. 1822.
Moniteur du 26 mars 1825. (V. p. 39.)
Cour royale de Paris, chambre des mises en accusation, 19 sept. 1826.
Destruction ordonnée.

P...... cloîtrées (les), avec figures obscènes.
Cour royale de Paris, 16 nov. 1822.
Moniteur du 26 mars 1825. (V. p. 36.)
Destruction ordonnée, du consentement du prévenu, qui a été acquitté.

Q

QUESTIONS A L'ORDRE DU JOUR. Provocation à la désobéissance aux lois, par Bousquet-Deschamps.

Cour d'assises de Paris, 14 juin 1820.

Moniteur du 15 août 1820. (V. p. 4.)

Destruction des exemplaires saisis ou qui pourraient l'être ultérieurement.

R

RECUEIL DE PIÈCES AUTHENTIQUES SUR LE CAPTIF DE SAINTE-HÉLÈNE, par Barthélemy.

Tribunal de première instance de la Seine, 4 mars 1823.

X^e volume, article intitulé : *Napoléon dans l'exil*, ou *l'Echo de Sainte-Hélène*.

Destruction ordonnée.

Tribunal de première instance de la Seine, 23 décembre 1824.

Volumes VI et VII.

RÉFLEXIONS SUR LE PROCÈS DE SCHEF -

FER , auteur de la brochure intitulée : *de l'Etat de la liberté en France.*

Cour royale de Paris , 4 avril 1818.

RÉFLEXIONS D'UN PATRIOTE, par Bousquet-Deschamps.

Cour d'assises de Paris, 12 juin 1820. *Moniteur* du 1er août 1820. (V. p. 3.)

Suppresion des exemplaires saisis, ainsi que de ceux qui pourraient l'être ultérieument.

RÉFLEXIONS (quelques) SUR LA TRAHISON, par Dardouville.

Cour royale de Paris, 7 décemb. 1822. *Moniteur* du 26 mars 1825. (Voyez page 38.)

Saisie déclarée valable.

RELATION EXACTE DE CE QUI S'EST PASSÉ LE 3 JUIN, anniversaire de la mort de Lallemand.

Cour royale de Paris , 16 nov. 1822. *Moniteur* des 17 déc. 1822 (V. p. 14.) et 26 mars 1825. (V. p. 47.)

Destruction des exemplaires saisis et qui pourraient l'être.

RELATION HISTORIQUE DES ÉVÉNEMENS QUI ONT EU LIEU A COLMAR LES 2 ET 3 JUIL-

LET 1822, suivie de la pétition présentée aux chambres par cent trente-deux citoyens du département. du Haut-Rhin, par M. Kœclin, député.

Cour royale de Paris, 17 juill. 1823.

La cour a ordonné la destruction d'un mémoire justificatif distribué par M. Kœclin, et qui a été considéré comme une aggravation du délit.

Moniteur du 26 mars 1825. (Voy. pag. 32.)

Cour royale de Colmar, 22 mars 1823.

Traduction en allemand.

RELIGIEUSE (la), par Diderot.

Tribunal de première instance de la Seine, 20 août 1824 et 24 nov. 1826.

Destruction ordonnée.

RELIGION (de la), considérée dans ses rapports avec l'ordre politique et civil (abbé de La Mennais).

Tribunal de première instance de la Seine, 22 avril 1826.

Moniteur du 31 mai 1826. (V. p. 52.)

Destruction ordonnée.

RIDEAU (le) LEVÉ, ou *l'Education de Laure.* 2 vol. in-12 avec figures.

Cour royale de Paris, 19 mai 1815.
Destruction ordonnée.

ROBERVILLE (M. de), par Pigault-Lebrun.
Cour royale de Paris, 15 janv. 1825.
Moniteur du 26 mars 1825. (V. p. 28.)
Destruction des exemplaires saisis et de ceux qui pourraient l'être.

ROI (le) CHRISTOPHE, chanson de Béranger ; 3e couplet.
Cour d'assises de Paris, 8 déc. 1821.
Moniteur du 17 mars 1822. (V. p. 8.)
Cour royale de Paris, 16 nov. 1822.
Moniteur du 26 mars 1825. (V. p. 36.)
Tribunal de première instance de la Seine, 31 mai 1826.
Moniteur du 6 août 1826. (V. pag. 52.)
Ces arrêts et ce jugement ont ordonné la destruction des exemplaires saisis et de tous ceux qui pourraient l'être.

ROYAUTÉ (la) SANS PRESTIGE , ou *le Despotisme en état de siége*, par Beaufort.
Cour d'assises de Paris, 7 nov. 1820.
Destruction ordonnée.

S

SECRET DU CABINET NOIR, ou *les Ca-*
pucins.
Cour royale de Paris, 21 déc. 1822.
Le tribunal a ordonné la destruction de
l'ouvrage.

SCÈNES DE BOURSE, par Magallon.
Article inséré dans *l'Album.*
Cour royale de Paris, 15 mars 1823.
Moniteur du 2 avril 1823. (V. p. 18.)

SÉJOUR DE BONAPARTE A L'ÎLE D'ELBE.
Tribunal de première instance de la
Seine, 20 mars 1816.
Destruction ordonnée.

SENTINELLES EN DÉFAUT (les), grav.
Cour royale de Paris, 14 septembre
1821.
Destruction ordonnée.

SIMPLE DISCOURS DE PAUL-LOUIS, vi-
gneron de la Chavonnière.
Cour d'assises de Paris, 28 août 1821.

SONGE TROMPEUR (le), grav. obscène.

Cour d'assises de Paris, 14 janvier 1822.

Songe (le), gravure séditieuse.
Tribunal de première instance de la Seine, 25 février 1825.
Destruction ordonnée.

Souscription nationale.
Provocation à la désobéissance à la loi sur la liberté individuelle.
Cour d'assises de Paris, 1er juill. 1820.
Insertion dans *le Constitutionnel, le Censeur, l'Indépendant, la Renommée, le Courrier, l'Aristarque*, les *Lettres normandes* et la *Bibliothèque historique*, d'un article dans lequel on propose une souscription en faveur des individus qui seraient arrêtés.

Strophes aux manes de Lallemant.
Tribunal de première instance de la Seine, 14 décembre 1822.
Destruction ordonnée.

Sylphe (le), journal.
Article intitulé : *Ce que j'aime et ce que je n'aime pas.*
Cour royale d'Aix, 13 décemb. 1825.
Moniteur du 2 février 1826. (Voy. pag. 5o.)

La cour a ordonné la suppression du numéro 2 du journal intitulé : *le Sylphe.*

Synode (le) conjugal, 2 vol.
Cour royale de Paris, 19 mai 1815.
Destruction ordonnée.

Systema de la naturaliza.
Cour royale de Paris, 15 nov. 1823.
Saisie déclarée bonne et valable.

Système social, ou *Principes de la morale et de la politique,* avec un examen de l'influence des gouvernemens sur les mœurs, par le baron d'Holback.
Cour royale de Paris, 1er mars 1823.
Moniteur des 15 mars 1823 (V. p. 17.) et 26 mars 1825. (V. p. 40.)
Destruction ordonnée des exemplaires saisis.
Cour royale de Paris, 19 juin 1827.
L'arrêt a ordonné la destruction de l'ouvrage.

Système de la nature et des lois du monde physique et moral, par le baron d'Holback.
Cour royale de Paris, 29 mai 1823.
Moniteur du 26 mars 1825. (V. p. 23.)
Destruction des exemplaires saisis.

Cour royale de Paris , 19 juin 1827.
Destruction de l'ouvrage.

T

TABLETTES ROMAINES, par Santo-Domingo.
Cour royale de Paris, 25 novembre 1824.
Moniteur du 26 mars 1825. (V. p. 29.)
Destruction des exemplaires saisis.

TABLETTES ROMAINES.
(Extrait du *Mercure.*) 48ᵉ livraison.
Cour royale de Paris, 25 nov. 1824.
Moniteur du 26 mars 1825. (V. p. 3o.)
Destruction des exemplaires saisis.

TABLETTES UNIVERSELLES , 46ᵉ livrais.
Article intitulé : *Bulletin politique.*
Cour royale de Paris, 6 mai 1824.
Moniteur du 26 mars 1825. (V. p. 31.)

TARTUFES (les deux), par Raban.
Cour royale de Paris, 14 mars 1825.
Moniteur du 26 mars 1825. (V. p. 27.)
Destruction des exemplaires saisis ou
qui pourraient l'être.

Tems (le) qui court.
Cour d'assises de Paris, 28 juin 1820.
Moniteur du 20 août 1820. (V. p. 7.)
Destruction des exemplaires saisis ou qui pourraient l'être ultérieurement.

Théatre gaillard.
Cour royale de Paris, 16 novembre 1822.
Moniteur du 26 mars 1825. (V. p. 36.)
L'arrêt a ordonné la destruction de l'ouvrage, du consentement du prévenu, qui a été acquitté.

Thélène, ou *l'Amour et la Guerre*, par Ducange.
Tribunal de première instance de la Seine, 29 janvier 1824.
Moniteur du 7 nov. 1826. (V. p. 54.)
Destruction des exemplaires saisis.

Thémidore, ou *mon Histoire et celle de ma maîtresse.*
Cour royale de Paris, 19 mai 1815 et 16 novembre 1822.
Moniteur du 26 mars 1825. (V. p. 36.)
Destruction ordonnée.

Thérèse philosophe.
Cour royale de Paris, 19 mai 1815.

Tribunal de première instance de la Seine, 6 juin 1822.

Moniteur du 7 novembre 1826. (Voy. pag. 53.)

Cour royale de Paris, 9 août 1822.

Tribunal de première instance de la Seine, 25 février 1825.

Moniteur du 7 nov. 1826. (V. pag. 59.)

Destruction ordonnée.

TRIBULATIONS DE L'HOMME DE DIEU, par Magallon.

Cour royale de Paris, 15 mars 1823.

Moniteur du 2 avril 1823. (V. p. 18.)

U

ULTRA (l'). 6e, 7e et 8e livraisons.

Cour royale de Paris, 17 juill. 1819.

V

VALENTINE, ou *le Pasteur d'Uzès*. 3 volumes.

Cour d'assises de Paris, 26 juin 1821.

Moniteur du 24 mars 1822. (V. p. 9.)

Destruction des exemplaires saisis ainsi que de ceux qui pourraient l'être ultérieurement.

VOUS AVEZ LA CLÉ, gravure.

Cour royale de Paris, 14 septembre 1821.

Destruction ordonnée.

APPENDICE.

—

CÉCILE, ou *la nouvelle Félicia.*
Jugement du tribunal de première instance de la Seine, en date du 12 juillet 1827, ordonnant la destruction de l'ouvrage.
Confirmé par la cour royale de Paris, le 5 août 1828.

CONFESSIONS (les) DU CHEVALIER DE WILFORT.
Jugement du tribunal de première instance de la Seine, en date du 12 juillet 1827, ordonnant la destruction de l'ouvrage.
Confirmé par la cour royale de Paris, le 5 août 1828.

DOMINICAIN (le).
Jugement du tribunal de première instance de la Seine, en date du 12 juillet 1827, ordonnant la destruction de l'ouvrage.
Confirmé par la cour royale de Paris, le 5 août 1828.

Egaremens (les) de Julie.

Tribunal de première instance de la Seine, jugement du 12 juillet, ordonnant la destruction de l'ouvrage.

Confirmé par la cour royale de Paris, le 5 août 1828.

Enfant (l') du mardi-gras.

Jugement du tribunal de première instance de la Seine, en date du 12 juillet 1827, ordonnant la destruction de l'ouvrage.

Confirmé par la cour royle de Paris, le 5 août 1828.

Félicia (la nouvelle), ou *Cécile.*

Jugement du tribunal de première instance de la Seine, en date du 12 juillet 1827, ordonnant la destruction de l'ouvrage.

Confirmé par la cour royale de Paris, le 5 août 1828.

Julie, ou *J'ai sauvé ma rose.*

Jugement du tribunal de première instance de la Seine, en date du 12 juillet 1827, ordonnant la destruction de l'ouvrage.

Confirmé par la cour royale de Paris, le 5 août 1828.

OEuvres badines d'Alexis Piron.
Jugement du tribunal de première instance de la Seine, en date du 13 novembre 1827, ordonnant la destruction de l'ouvrage.

Confirmé par la cour royale de Paris, le 5 janvier 1828.

Précis de la révolution française, par Rabaut Saint-Étienne.
Arrêt de la cour royale de Paris, en date du 13 mai 1828, ordonnant la destruction de l'ouvrage.

Prêtre (le).
Jugement du tribunal de première instance de la Seine, en date du 12 juillet 1827, ordonnant la destruction de l'ouvrage.

Confirmé par la cour royale de Paris, le 5 août 1828.

Sur la crise actuelle. Lettre à Son altesse royale le duc d'Orléans, par Cauchois Lemaire. Provocation au changement d'ordre de successibilité au trône.
Arrêt de la cour royale de Paris, en date du 14 février 1818, ordonnant la destruction de l'ouvrage.

Tante (ma) Geneviève.

Jugement du tribunal de première instance de la Seine, en date du 12 juillet 1827, ordonnant la destruction de l'ouvrage.

Confirmé par la cour royale de Paris, le 5 août 1828.

Vié (ma) de garçon.

Jugement du tribunal de première instance de la Seine, en date du 12 juillet 1827, ordonnant la destruction de l'ouvrage.

Confirmé par la cour royale de Paris, le 5 août 1828.

———

Erreur à corriger page 15 :

Au lieu de *la canonade*, lisez *la cacomonade.*

www.ingramcontent.com/pod-product-compliance
Ingram Content Group UK Ltd.
Pitfield, Milton Keynes, MK11 3LW, UK
UKHW020839120726
13693UKWH00002B/724